Der Autor

Antony Wild ist ein anerkannter Tee- und Kaffee-Experte, der seit mehr als zehn Jahren im Geschäft ist. Ihm wird die Einführung von Spezialitäten-kaffees in Großbritannien zugeschrieben. Seine Artikel sind in Fachzeitschriften wie *Coffee and Cocoa International* erschienen und er war als Kaffeekolumnist für das *Taste Magazine* tätig. Er veröffentlichte die Bücher *The East India Book of Coffee* und *Coffee: A Dark History*.

© Lizenzausgabe der Süddeutschen Zeitung GmbH, München
Für die Süddeutsche Zeitung Edition 2012
Projektleitung: Marion Meyer, Felix Scheuerecker
Übersetzung aus dem Englischen: Friederike Moldenhauer
Stilistisches Korrektorat: Buchstablerei
Satz der dt. Ausgabe: Patrick Gordon Syptroth

Copyright © 2012 Elwin Street Limited
Cover und Gestaltung: Simon Daley
Illustrationen: Tonwen Jones
Copyright Fotos: Alamy (S. 113); Corbis (S. 23); Getty (S. 35, 53, 75)

Konzipiert und produziert von
Elwin Street Limited
144 Liverpool Road
London N1 1LA
www.elwinstreet.com

Printed in China
ISBN: 978-3-86497-021-4

KAFFEE

Antony Wild

Inhaltsverzeichnis

Warum man bei Kaffee ein Snob sein sollte

Die Welt des braunen Goldes ist ebenso wunderbar wie unübersichtlich. Zahllose Kaffeehersteller rund um den Globus bemühen sich um Ihre Aufmerksamkeit und preisen ihre Produkte mit immer neuen Superlativen an. Es lohnt sich also, mehr über dieses edle Getränk zu erfahren und so seinen ganz persönlichen Lieblingskaffee zu finden.

In den letzten 30 Jahren hat sich der Markt für Kaffee stark gewandelt. Das liegt vor allem an der sogenannten Kaffeespezialitäten-Bewegung, die in den frühen 1970er-Jahren in den USA aufkam. Ihr Ziel war es, Kaffee als Getränk mit einem ähnlichen Stellenwert wie Wein zu etablieren: weg von der Massenware, hin zu Wertschätzung und echtem Genuss. Zuvor gab es überwiegend Packungen mit gemahlenen Kaffees, die sich im Handel eigentlich nur anhand ihrer Marke unterscheiden ließen. Der spezialisierte Einzelhandel verkaufte darüber hinaus lose Kaffeebohnen, die ausschließlich nach ihrem Herkunftsland sortiert wurden.

Das lag zum Teil am Einfluss der nationalen *coffee boards* der Exportländer, die mit strengem Auge über Herstellung und Verkauf wachten. Kaffee einer ganz bestimmten Farm war kaum zu bekommen. Man stelle sich vor, alle Trauben aus der Region Burgund würden gemischt und das Resultat unter dem Namen Burgunder verkauft, ohne Rücksicht auf *goût de terroir*, genaue Herkunft oder Hinweise auf das jeweilige Weingut.

Unter dem Druck der Kaffeespezialitäten-Bewegung lockerten die Coffee Boards schließlich ihre monopolistische Kontrolle über einzelne Kaffeehersteller und örtliche Kooperativen – und mittlerweile bieten Highend-Händler, Importeure und Röstereien Kaffeeliebhabern eine wahrhaft paradiesische Auswahl. Heute gibt es so viele verschiedene Kaffeesorten, dass die Auswahl ohne einen Leitfaden schwierig sein kann.

Geht es um Qualität, muss man zunächst einmal festhalten, dass Sie immer Kaffee kaufen sollten, der aus der Arabica-Bohne besteht. Kaffee aus Robusta-Bohnen ist nicht empfehlenswert. Die Pflanzen der Robusta-Kaffees wachsen im Tiefland, und ihre einzigen Vorteile bestehen darin, dass sie billig und widerstandsfähig sind. Robusta-Kaffee enthält zudem doppelt so viel Koffein wie der Arabica-Kaffee, der im Hochland wächst. Das Aroma ist grob, der Geschmack tritt deutlich und harsch hervor und erinnert an Gummi. Doch Vorsicht: Robusta-Kaffee ist ein Meister der Tarnung, man findet ihn häufig in Mischungen zusammen mit höherwertigen Arabica-Bohnen. Der Kenner schwört auf reinen Arabica-Kaffee – und daher beschäftigen wir uns im Folgenden nicht mit Robusta.

Instant-Kaffees sollten Sie ebenso vermeiden – es sei denn, Sie betrachten auch Trockenei als geeignete Zutat für die gehobene Küche. Selbst wenn Instant-Kaffee ausschließlich aus den besten Arabica-Bohnen aus Costa Rica besteht, bleibt er doch immer Instant-Kaffee. Ungewaschene Arabica-Kaffees, die hauptsächlich aus Brasilien stammen, sind meist ebenfalls von geringer Qualität. Verbreiteter ist die Nassaufbereitung, bei der die Bohnen mithilfe von Wasser aus der Kaffeekirsche gelöst werden. Das setzt einen Fermentationsprozess in Gang, der dem Geschmack zugutekommt. In Brasilien wird diese Technik jedoch kaum verwendet, da sie sich nicht dazu eignet, günstigen Kaffee in sehr großen Mengen herzustellen.

Selbst wenn man weiß, welche Kaffees es grundsätzlich zu vermeiden gilt, hält der Kaffeemarkt noch immer verwirrend viele Sorten bereit. Dieses Buch hilft Ihnen dabei, sich im Sortiment zurechtzufinden, die besten Kaffeesorten aufzuspüren und die wichtigsten regionalen Unterschiede von Mexiko über Jamaika und Kenia bis Bali kennenzulernen. Faktoren wie Klima und Bodenbeschaffenheit beeinflussen die Kaffeepflanze enorm, daher ist das jeweilige Anbaugebiet für Aroma und Geschmack von entscheidender Bedeutung. Die Kapitel sind dementsprechend nach Regionen unterteilt. Dort finden Sie Informationen über die verschiedenen Anbaugebiete und spezielle Hinweise auf Sorten, die es zu probieren lohnt. Einige Vorschläge sind als „Le Snob Tipp" hervorgehoben, wenn es sich dabei um einen ganz besonders hervorragenden Kaffee handelt. Darüber hinaus erfahren Sie hier alles über Lagerung, Röstung und den Mahlvorgang – damit Sie in Zukunft das Beste aus Ihrem Kaffee machen können.

Dieses Buch erhebt keinen Anspruch auf Vollständigkeit, aber es wird Ihnen sicherlich helfen, Ihre ganz persönlichen Lieblingskaffees zu entdecken.

» Grundlagen

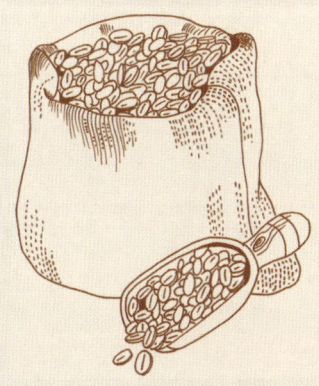

Der Anbau

Wilder Kaffee wuchs ursprünglich in Äthiopien und gelangte vermutlich durch Handel und Reisende über das Rote Meer in den Jemen. Es ist anzunehmen, dass die Sufis dort im ausgehenden 15. Jahrhundert die Ersten waren, die ihn tranken.

Sie nutzten Kaffee, um während ihrer nächtlichen Zeremonien wach zu bleiben – ein Brauch, der sich rasch im Osmanischen Reich verbreitete. Bereits im 16. Jahrhundert eröffneten in Istanbul und Kairo die ersten Kaffeehäuser. Später gelangte der Kaffee über Venedig nach Italien, und Händler der Niederländischen und Englischen Ostindien-Kompanien, deren Umschlagplatz der Hafen von Mokka im Jemen war, brachten ihn nach Nordeuropa. Mitte des 17. Jahrhunderts gab es bereits zahlreiche Kaffeehäuser in ganz Europa – und ihre Beliebtheit wuchs schnell.

Nachdem sich Kaffee in Europa als Gebrauchsgut etabliert hatte, stieg die Nachfrage beständig. Schon im frühen 18. Jahrhundert war der Anbau von Kaffee in den europäischen Kolonien verbreitet: Die Niederländer begannen in Indonesien anzubauen, die Spanier in Lateinamerika, die Portugiesen in Brasilien, die Briten und Franzosen in der Karibik. Bis heute stellt Kaffee in vielen dieser Länder einen wichtigen Wirtschaftsfaktor dar.

Die Pflanze

Obwohl es circa 60 verschiedene Sorten von Kaffeesträuchern beziehungsweise -bäumen gibt, sind nur Arabica und Robusta von wirtschaftlicher Bedeutung.

Eine dritte Pflanze namens Liberica, mit einem ähnlichen Geschmack wie Robusta, wächst in Liberia und wird nur auf lokalen Märkten vertrieben.

Wir werden uns hier vor allem auf Arabica konzentrieren: *Coffea arabica*, Gattung *Coffea* aus der Familie *Rubiaceae* – für den Fall, dass Sie sich das merken können und Ihre Freunde beeindrucken wollen. Wild wachsende Exemplare dieser üppig belaubten Bäume werden bis zu 18 Meter hoch, sie werden aber auf den Plantagen für gewöhnlich auf zweieinhalb bis drei Meter gestutzt und in Reihen gepflanzt, um die Ernte zu erleichtern. In einigen Ländern wachsen die Büsche unter sogenannten Schattenbäumen, um sie vor direktem Sonnenlicht zu schützen.

Die Kirsche

Die Kaffeekirsche entwickelt sich innerhalb von sechs bis acht Wochen und benötigt nach der Befruchtung circa weitere acht Monate bis zur Erntereife. In Form und Farbe gleicht sie herkömmlichen Kirschen und wird genau wie sie gepflückt, wenn sie von Grün über Gelb zu leuchtend roter Farbe herangereift ist. Im Inneren der Kirsche befindet sich die Kaffeebohne.

Klimafaktoren

Sieht man sich die Kataloge der Kaffeehersteller an, könnte man den Eindruck gewinnen, es handle sich um Broschüren für Luxusreisen: Panoramaansichten vom Machu Picchu oder Giraffen in vollem Galopp vor schneebedeckten Bergen. Doch diese Abbildungen haben durchaus ihren Sinn, denn die Kaffeepflanze benötigt spezielle klimatische Bedingungen, um zu wachsen. Sie gedeiht hauptsächlich in gebirgigen tropischen Regionen. Die kühle Luft in hohen Lagen der Tropen sorgt dafür, dass die Pflanze langsamer wächst und so Früchte mit vollem, rundem Aroma hervorbringt. Die besten Bohnen wachsen also in großen Höhen und auf reichhaltigen tropischen Böden, die sich optimal für den Kaffeeanbau eignen. Inselkaffees hingegen, etwa aus Jamaika, Kuba oder La Réunion, profitieren von dem dortigen Mikroklima. Jedes größere Anbaugebiet verfügt so über seine ganz eigenen klimatischen Bedingungen, und die kleinen Unterschiede sind für Qualität und Geschmack der jeweiligen Kaffees ausschlaggebend.

Den Frost überstehen

Viele der riesigen und eher tristen Plantagen in Brasilien, der Kaffeenation mit der weltweit größten Produktion, finden sich in relativ niedrig gelegenen Regionen nahe dem südlichen Wendekreis. Dementsprechend besorgt beobachten die Händler das Thermometer im Juli, wenn in diesen Regionen der Frost einsetzt.

Kaffeepflanzen sind empfindlich, ihre Knospen und Blüten welken bei dem leisesten Anzeichen von Frost. Eine einzige Nacht mit Temperaturen unter 0 Grad Celsius kann 20 Prozent der weltweiten Jahresproduktion vernichten.

Arten von Kaffeebohnen

Innerhalb der Arabica-Sorte gibt es feine Unterschiede – sowohl was die Pflanze als auch was die daraus hervorgehende Bohne betrifft. Da sich dafür allerdings in der Regel nur Agronomen interessieren, verzichten die meisten Kaffeehersteller darauf, diese Feinheiten als Verkaufsargument zu benutzen und bleiben schlicht bei der Bezeichnung Arabica.

Der Kaffee einer Green-Tipped-Bourbon-Pflanze zum Beispiel mag sich vielversprechend anhören, aber Sie werden kaum eine Rösterei finden, die Ihnen einen Kaffee auf Basis allein dieser Bohne anbietet. In dieser Hinsicht unterscheidet sich Kaffee deutlich von Wein, bei dem die unterschiedlichen Rebsorten gemeinhin als entscheidende Faktoren für das Endergebnis gelten. Vielleicht wird sich der Markt für Kaffeespezialitäten ebenfalls in diese Richtung entwickeln – die Green-Tipped-Bourbon-Pflanze gehört beispielsweise zu den ältesten Sorten und hat für Kenner daher einen besonderen Reiz –, aber bis dahin ist es noch ein weiter Weg.

Es gibt allerdings noch einige andere interessante Sorten der Arabica-Bohne.

Abgelagerter Kaffee

Für abgelagerten (*aged*) Kaffee, der hauptsächlich aus Indonesien stammt, wurden bereits alle möglichen Erklärungen herangezogen. Angeblich wurden die Pflanzen für den Old-Sibolga-Kaffee vorsätzlich dem Befall durch Rüsselkäfer ausgesetzt, während andere Kaffees dem Gerücht nach unter Vulkanasche begraben worden sein sollen. Die Wahrheit ist weit weniger aufregend: Tatsächlich geht es bei der Ablagerung eigentlich nur darum, den Kaffee unter günstigen Bedingungen drei bis fünf Jahre zu lagern, damit die Bohnen einen besonders reifen, vollen Körper entwickeln.

Maragogype

Dies ist eine extrem große Bohne, von der ursprünglich angenommen wurde, es handele sich um eine aus Brasilien stammende Mutation. Sie wird vornehmlich in Mexiko und anderen mittelamerikanischen Ländern angebaut.

Monsooned

Ein indischer Arabica-Kaffee, der auf Gitterrosten den Monsun-Winden ausgesetzt wird. Auf diese Weise nehmen die grünen Bohnen eine zartgelbe Farbe an und bekommen einen volleren Körper.

Natürliche Verarbeitung

Kopi Luwak ist eine Kaffeesorte, deren Bohnen zuvor vom Fleckenmusang (*Paradoxurus hermaphroditus*) gefressen und ausgeschieden wurden – und anscheinend setzte sie einen Trend für Kaffee, der auf natürliche Weise verarbeitet wird. Ein brasilianischer Produzent vermarktet mittlerweile einen Kaffee, der von Rostbauchguans (*Penelope purpurascens*), pfauenartigen Vögeln, verspeist wird. Sie erweisen denselben Dienst.

Perlbohnen

Eine Peaberry oder Perlbohne ist eine einzelne runde Bohne in einer Kaffeekirsche – anstelle der üblichen zwei Bohnen. Sie machen ungefähr zehn Prozent der gesamten Produktion aus, werden aber aufgrund ihrer außergewöhnlichen Intensität in einigen Ländern, zum Beispiel in Kenia, gesondert geerntet.

Anbaugebiete

Ein Großteil der Kaffee produzierenden Länder gehört zu den ehemaligen Kolonien europäischer Mächte. Oft sind sie stark vom Kaffee-Export abhängig. Im englischsprachigen Raum werden sie daher *After Dinner Economies* (etwa: Dessert-Ökonomien) genannt, weil Kaffee – neben Zucker, Kakao und Tabak – zu ihren wichtigsten Exportgütern gehört.

Kaffee zählt zu den typischen Pflanzen, die in den tropischen Kolonien mithilfe von Sklavenarbeit kommerziell angebaut wurden. Daher ist es kein Zufall, dass er zu den ersten Gütern gehörte, auf die die Fairtrade-Initiative abzielte, die in den 1980er-Jahren in den Niederlanden aufkam.

Die schwierige Kombination aus fantastischen Landschaften und dunkler Vergangenheit hat hochwertigen Kaffee zu einem umkämpften Gut bei Händlern gemacht. Sie müssen potenzielle Kunden nicht nur davon überzeugen, dass sich ein bestimmter Kaffee durch eine besondere Geschichte, einzigartigen Boden und ebensolches Mikroklima auszeichnet, sondern dass der Produzent sich außerdem in besonderer Weise um den Umweltschutz sowie das Wohl und die Bildung seiner Arbeiter sorgt.

Kaffeesorten unterscheiden sich normalerweise je nach Anbauregion in Geschmack, Aroma, Körper und Säuregehalt. Im Wesentlichen lassen sich die Anbaugebiete für Kaffee in folgende einteilen:

Mittel- und Südamerika

Von Mexiko bis Peru zeichnen sich die bergigen Länder Mittelamerikas sowie die nördlichen Anden durch Kaffees aus, die über eine feine seidige Säure verfügen, welche im ärgsten Fall ins Metallische spielt.

Der größte Kaffeeproduzent in Südamerika ist Brasilien, allerdings sind die billigen, ungewaschenen Kaffees in der Regel nur als Füllmaterial für Kaffeemischungen zu gebrauchen. Der berühmte *Rio-Geschmack* einiger dieser Kaffees mit seiner medizinischen Note ist besonders bei den Konsumenten im Mittleren Osten beliebt. Brasilien hat sich aber mit einigem Erfolg darum bemüht, sich als Produzent von Spezialitätenkaffees zu etablieren (siehe S. 49).

In der Karibik gehören Kuba, Jamaika und Puerto Rico zu den wichtigsten Regionen, die qualitativ hochwertige Bohnen ernten. Diese Länder sind vor allem für ihre bemerkenswert weichen Kaffees bekannt.

Saisonunabhängige Qualität

Kaffee ist ein saisonabhängiges Produkt. Außer bei abgelagertem Kaffee werden die Bohnen für gewöhnlich spätestens ein Jahr nach der Ernte verkauft; die Qualität ändert sich je nach Erntezeitpunkt und von Jahr zu Jahr. Wenn Ihnen gleichbleibende Qualität wichtig ist, sollten Sie sich für eine hochwertige Mischung entscheiden. Es ist die Aufgabe des Herstellers sicherzustellen, dass die Mischung jedes Jahr gleich bleibt.

Afrika

Die Kaffeepflanze kommt ursprünglich aus dem Hochland Äthiopiens und wird heute außerdem in der Gegend um Kenia und Tansania bis Sambia im Süden angebaut. Das begehrteste Merkmal dieser Kaffees ist ihre fruchtige Säure (Zitrus, Beeren etc.) – Kaffee, dem von Experten weltweit Spitzenqualität bescheinigt wird.

Asien

Das besondere Charakteristikum der von Indien bis ganz hinunter zu den indonesischen Inseln wachsenden Kaffees ist ihr voluminöser Körper, der von den fruchtbaren Vulkanböden herrührt. Säure sucht man in diesen Kaffees vergeblich.

Andere Regionen

Kaffee wächst aber auch an einigen anderen interessanten und unerwarteten Orten: auf den gewaltigen terrassenförmigen Hängen des Jemen, in der völligen Einsamkeit der südatlantischen Insel St. Helena – dem einstigen Exil Napoleons – oder auch in der Stadt Harar im Osten Äthiopiens, wo der französische Dichter Arthur Rimbaud im 19. Jahrhundert seinen Lebensunterhalt verdiente – passenderweise mit dem Handel von Kaffee.

In die Welt des Kaffees einzutauchen, kann auch eine Reise durch die Geschichte, Geografie und Kultur ganz besonderer Gegenden unseres Planeten bedeuten: voller interessanter Informationen und Eindrücke. Ein echter Kenner sollte sich dieser Nebenklänge bewusst sein – sie sind ein wichtiger Teil der Geschichte des Kaffees; einer Geschichte, die es wert ist, erzählt zu werden.

Fairtrade

Wie bereits erwähnt, birgt die glamouröse Fassade der Kaffeeindustrie eine dunkle Vergangenheit. Interessanterweise geht es in einem Roman der Weltliteratur genau darum: 1860 löste Eduard Douwes Dekker in den Niederlanden mit *Max Havelaar oder die Kaffeeversteigerungen der Niederländischen Handelsgesellschaft* einen großen Skandal aus. Die ungerechte niederländische Kolonialpolitik geriet infolgedessen zunehmend in Kritik, und nach Anhörungen im Parlament wurden schließlich Reformen eingeführt.

In den späten 1980er-Jahren gründete eine Gruppe von aufrechten Niederländern eine Marke für fair gehandelten Kaffee namens Max Havelaar. Schnell entwickelte sich daraus die bekannte Fairtrade-Marke, die sich heute auf zahlreichen Produkten befindet, darunter Baumwolle, Blumen, Wein und Honig. Die Bewegung begann aus einem einfachen Grund mit Kaffee: Die bäuerlichen Kleinbetriebe, die Kaffee anbauten, waren besonders wehrlos gegenüber den Schwankungen des Weltmarkts, ausbeuterischen Kredithaien sowie skrupellosen Händlern und standen zudem unter dem Druck der großen Röstereien.

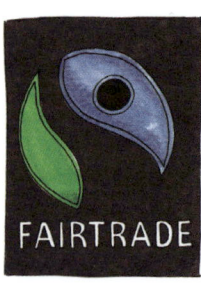

Schutz der Industrie

Kaffee war das perfekte After-Dinner-Gut: produziert in armen Dritte-Welt-Ländern der Tropen, konsumiert in den reichen, entwickelten Nationen. In den 1990er-Jahren wurde dieses

Missverhältnis durch einen Teilkollaps des International Coffee Agreement (ICA), eines internationalen Abkommens zur Kontrolle und Reglementierung des Marktes, noch verschärft.

Das Abkommen wurde ursprünglich 1962 verabschiedet und regelte das Verhältnis zwischen Produzenten und Importländern. Ein Quotensystem sollte die Preise stabilisieren. In den späten 1980er-Jahren wandelte sich das ICA allerdings zu einer nur noch verkaufsfördernden, Statistiken sammelnden Institution, da sich die USA aufgrund der Einschränkung des freien Handels weigerten, das Abkommen weiterhin zu unterstützen.

Schutz für die Bauern

Die Öffnung für den freien Handel erschütterte den Kaffeemarkt; die Kleinbauern brauchten dringend eine neue Form der Unterstützung. 1988 reagierte die Fairtrade-Bewegung auf diese Problematik, indem sie – zuerst in Brasilien – den Produzenten Mindestpreise für ihre Kaffees garantierte.

Inzwischen sind weitere soziale Maßnahmen wie Gesundheitsvorsorge, Bildungseinrichtungen, Umweltschutz und Nachhaltigkeit zu wesentlichen Bestandteilen der sich kontinuierlich weiterentwickelnden Fairtrade-Zertifizierung geworden. Kaffees, die unter der Fairtrade-Marke vertrieben werden, haben international riesigen – und weiter wachsenden – Erfolg.

Weitere Zertifizierungen

Kaffeehersteller können zahlreiche Zertifizierungen und Gütesiegel für ihre Produkte erhalten, beispielsweise Bio, *Bird Friendly* (Vogelschutz), *Rain Forest*

Alliance (Vereinigung zum Schutz des Regenwalds) oder *UTZ* (Nachhaltigkeit). Es gibt so viele Organisationen, dass sie manchmal wirken wie bittere Rivalen im Kampf um die Aufmerksamkeit der Käufer. Denn wie kommerzielle Marken müssen auch sie Logos entwickeln, ihre Alleinstellungsmerkmale hervorheben, die Zielgruppe ansprechen und sich den Spielregeln des Weltmarkts unterwerfen.

Gesetzeslücken

Die Situation wird zusätzlich dadurch erschwert, dass Röstereien einige dieser Zertifikate nutzen dürfen, selbst wenn nur ein bestimmter Minimalanteil des zertifizierten Kaffees in ihren Mischungen verwendet wird.

Das Logo der Rainforest Alliance zum Beispiel dürfen Röstereien bereits einsetzen, wenn sie nur 30 Prozent des zertifizierten Kaffees verwenden. Die übrigen 70 Prozent könnten somit von den umweltschädlichsten Plantagen überhaupt kommen – und dennoch klebt das Alliance-Label auf dem Kaffee.

Bedenken Sie außerdem, dass all diese Zertifizierungen dem Konsumenten zwar ein gutes Gefühl vermitteln, aber nicht notwendigerweise etwas über den Geschmack des jeweiligen Kaffees aussagen. Ein im Schatten gereifter Fairtrade-Kaffee, bei dessen Anbau und Herstellung weder Vögel noch der Regenwald zu Schaden gekommen sind, der in einem Familienbetrieb von Einheimischen biologisch angebaut wurde, mag fantastisch schmecken – oder auch nicht. Wenn es um den Kauf von Kaffee geht, sollte man Ideologie und Geschmack nicht durcheinanderbringen.

Ernte und Verarbeitung

Da Kaffee in tropischen Gebieten rund um den Globus und auf verschiedenen Höhen wächst, gibt es keine einheitliche Erntezeit. In den meisten Ländern findet sich zwar eine feste Kaffeesaison, in der die Kaffeekirschen mehr oder weniger parallel reifen – aber auch dann gibt es Unterschiede: Beispielsweise werden die Kaffees in Costa Rica in den höheren Lagen am Pazifik zwischen November und Februar geerntet, während die Ernte an der Atlantikküste, wo sich die Plantagen auf geringerer Höhe befinden, von August bis November stattfindet.

In den meisten Kaffee produzierenden Ländern gibt es eine Haupternte und eine weniger ergiebige Nebenernte. Eine Ausnahme ist zum Beispiel Kolumbien, wo es oft zwei Haupternten gibt.

Die Kaffeeindustrie

Heutzutage ist Kaffee für viele Länder der Dritten Welt von großer Bedeutung – und die Kaffeeindustrie ein enorm wichtiger Arbeitgeber. Kaffee lässt sich von Kleinbauern auf engstem Raum anbauen und bietet daher eine kleine, aber wertvolle Einkommensquelle. Die Auswahl der besten reifen Kirschen wird von Hand vorgenommen: eine arbeitsintensive und

» ## Kohlendioxid und Sauerstoff entweichen lassen

Innerhalb der ersten 48 Stunden nach der Röstung gibt Kaffee CO_2 in der sechsfachen Menge seines Eigenvolumens ab. Dies kann zu heftigem Druck führen, der die Verpackung angreift oder gar aufsprengt.

Um dies zu vermeiden, wird der Kaffee in einer trägen Stickstoffatmosphäre in großen Behältern zwischengelagert, durch deren Ventile das Gas entweichen kann.

Es ist allerdings kaum zu verhindern, dass etwas Sauerstoff zurück in die Packungen gelangt. Weniger als ein Prozent Restsauerstoff reicht aus, um die empfindlichen Kaffeeöle mit der Zeit stark zu beschädigen.

Die raffinierteste Lösung sind sogenannte Ventilverpackungen, die dem Gas erlauben zu entweichen und damit praktisch den gesamten Sauerstoff austreten lassen. Gerösteter und gemahlener Kaffee ist in diesen Verpackungen so frisch wie nur irgend möglich. Frischer geht es nur, wenn man grüne Bohnen zu Hause selbst röstet und sofort verbraucht.

mühsame Aufgabe. Dies ist der Grund, warum die umfangreiche Kaffeeproduktion ursprünglich als perfekte Sklavenarbeit galt. Nur auf den sehr großen Plantagen wie in Brasilien erfolgt die Ernte maschinell.

Wenn Sie nun noch die Transporteure, Händler, Baristas, Röster, Verpacker und die Hersteller von Styropor-Bechern dazuzählen, wird klar: Insgesamt ist die Kaffeeindustrie der größte Arbeitgeber der Welt. Bei der letzten Schätzung waren es 220 Millionen Beschäftigte, und mit jedem Café in Ihrer Nachbarschaft werden es mehr.

Aufbereitung der Kaffeebohne

Wie eine gewöhnliche Kirsche hat auch die Kaffeekirsche einen Stein, genauer gesagt: zwei Hälften eines Steins, die sich im Herzen der Frucht gegenüberliegen. Dies sind die Kaffeebohnen, wie wir sie kennen: eine Seite ist flach, die andere gewölbt. Sobald die reifen Kirschen geerntet sind, besteht die Hauptaufgabe des Bauern darin, diese Bohnen so schnell und ökonomisch wie möglich aus der Kirsche zu entfernen.

Trockenaufbereitung

Die (ungewaschene) Trockenaufbereitung wird hauptsächlich in Brasilien und (wasser-)armen Ländern wie Äthiopien und dem Jemen angewandt.

Dabei werden die Kirschen auf Betonböden drei bis fünf Wochen zum Trocknen in der Sonne ausgelegt und regelmäßig gewendet. Sobald die Kirschen trocken genug

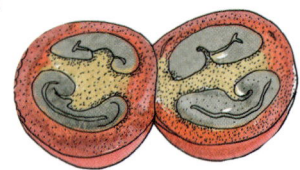

Top-10-Kaffee-Produzenten 2011/12
(Volumen in Millionen Säcken)

Brasilien	43,48
Vietnam	18,5
Äthiopien	9,8
Indonesien	8,75
Kolumbien	8,5
Indien	5,37
Peru	5,0
Mexiko	4,5
Honduras	4,3
Guatemala	3,45

Top-10-Kaffee-Konsumenten 2010
(Volumen in Millionen Säcken)

USA	21,7
Brasilien	18,9
Deutschland	9,3
Japan	7,2
Italien	5,8
Frankreich	5,7
Russland	3,7
Kanada	3,6
Spanien	3,2
Großbritannien	3,1

sind (bei etwa zwölf Prozent Wassergehalt), können das Fruchtfleisch sowie das Pergamenthäutchen entfernt werden und die Steine beziehungsweise Bohnen liegen frei. Für feuchte Regionen ist diese Methode ungeeignet.

Nassaufbereitung

Bei der – überlegenen – Nassaufbereitung werden die Kirschen mit Wasser vorgereinigt und durch ein Schwemmverfahren sortiert. Anschließend kommen sie in einen sogenannten Entpulper, der Haut und Fruchtfleisch der Kirsche abquetscht. Verbleibende Fruchtfleischreste, Schleim und das Pergamenthäutchen werden durch einen maschinellen Fermentierungsprozess (Gärung) entfernt, der durch den fruchteigenen Zucker ausgelöst wird. Danach werden die Bohnen gewaschen und getrocknet. Eine weitere Methode ist die halbtrockene Aufbereitung – allerdings entfällt dabei die Fermentierung, die den späteren Geschmack der Bohne positiv beeinflusst. In Kolumbien, der zweitgrößten Anbauregion für Arabica-Kaffee, wird fast ausschließlich die Nassaufbereitung genutzt.

Die Vor- und Nachteile

Beide Methoden belassen anfangs das Pergamenthäutchen, eine dünne harte Schicht, sowie die hauchdünne innere Schicht des Silberhäutchens auf der Bohne. Ersteres wird maschinell im Herkunftsland entfernt (siehe oben), Letzteres im Röstungsprozess von der Bohne getrennt.

In der heutigen Zeit, wo jeder nach der nächsten Sensation sucht, gibt es natürlich auch Stimmen, die die Vorteile der trockenen gegenüber der nassen Aufbereitungsmethode predigen. Neuerdings versuchen

Wissenschaftler bewusst, die Entwicklung der ominösen *Käse-Bohne* voranzutreiben, deren Geschmack ein begehrtes Charakteristikum des *Mocha Djimmah 5* – eines ungewaschenen Arabica-Kaffees aus Äthiopien – ist. Diese Bohne, gewöhnlich nur eine von vielen, verleiht dem Kaffee einen einzigartigen, strengen Geschmack, ähnlich dem des Blauschimmels etwa eines Stiltons oder Gorgonzolas.

Weitere Methoden

Es gibt noch weitere ausgefallene Methoden, um die Kirsche von der Bohne zu trennen. Wilde Tiere – wie

EINZIGARTIG » EXKLUSIV » ULTIMATIV **Snob**

Aufbereitung durch Tiere Zum ersten Mal las ich etwas über Kopi Luwak in den 1980er-Jahren. Aber erst zehn Jahre später begegnete mir dieser Kaffee wieder, als ich Direktor der Kaffee-Abteilung bei Bettys & Taylors war und mir ein Händler ein Kilo dieses Kaffees brachte. Die ungewöhnliche Herkunft der Bohnen weckte das Interesse der Medien, und so saß ich spätabends in Talkshows und verkostete diesen Kaffee vor entsetzten Journalisten, verstummtem Publikum und erschütterten Kollegen. Das Aroma ist besonders schwer und moschusartig. Was früher eine obskure Delikatesse war, ist mittlerweile zu einem begehrten Kaffee geworden. Wissenschaftler sind sogar so weit gegangen, den Effekt der Enzyme, die sich im Verdauungstrakt der Luwaks befinden, künstlich herzustellen.

der berüchtigte Luwak in Indonesien, aber auch Affen und Papageien – übernehmen manchmal kostenfrei die Aufgabe, indem sie die Früchte fressen und ausscheiden. Angeblich fügt dieser Vorgang dem Geschmack eine gewisse Schärfe hinzu, auch wenn manche Menschen sich unnötigerweise zieren, auf diese Weise gewonnenen Kaffee zu trinken.

Transport und Handel

Sind die grünen, ungerösteten Bohnen vom Pergamenthäutchen befreit, werden sie normalerweise in Jutesäcke verpackt und mit dem Lkw in den nächsten Hafen transportiert. Diese Säcke wiegen im Durchschnitt zwischen 60 und 70 Kilo – gerade so viel, dass ein einzelner starker Mann sie heben kann – und erlauben den Bohnen zu atmen, während sie aus den meist tropischen Ländern in die trockeneren westlichen Importländer transportiert werden.

Auf der Reise können sie mehr als ein Prozent ihres Gewichts verlieren. Aber schon lange, bevor sie ihr Ziel erreichen, haben bereits Proben des Kaffees die Runde unter Händlern und Röstern gemacht, es wurde um sie gekämpft und für sie geboten, sie wurden ver- und gekauft – noch während sie in Containern auf der Hochsee herumschipperten.

Kaffee wird an Terminbörsen gehandelt: Arabica in New York, Robusta in London. Auf diese Weise sollten die Bauern und Röster ursprünglich vor Marktschwankungen geschützt werden. Doch mittlerweile ist auch dieser Handel zu einem computerbetriebenen Spiel in den Händen der Hochfinanz geworden.

Röstung, Mischung, Mahlverfahren

Das Rösten von Kaffee überlässt man normalerweise am besten den Profis – nicht zwangsläufig, weil sie über mehr Know-how verfügen, sondern weil ihre Ausrüstung besser ist.

Professionelle Röstung

Während des Röstprozesses findet eine fast alchemistische Verwandlung der Kaffeebohne statt. Aus einer langweiligen, geschmacklosen pflanzlichen Masse treten über 600 Geschmacks- und Aromastoffe zutage, hauptsächlich in Form von volatilen Kaffeeölen. Der Kaffee sollte so lange geröstet werden, bis diese Verwandlung geschieht, die von lautem Knallen – ähnlich wie beim Popcornrösten – begleitet wird, während die Farbe der Bohnen von Grün über Goldbraun zu Dunkelbraun wechselt.

Der Kaffeekäufer, -mischer oder -tester stellt dem Röster eine Probe des Röstgrades zur Verfügung, den der Kaffee erreichen soll. Der Röster versucht dann, den Kaffee genau darauf abzustimmen – was keine leichte Aufgabe ist, da Kaffeebohnen auch nach dem Rösten noch dunkler werden. Der Kaffee wird dann bei etwa 250 Grad Celsius ca. zehn Minuten geröstet.

Röstmaschinen

Größere Kaffeehersteller verlassen sich nicht auf ihre Augen – sie sind unzuverlässig. Automatische Temperatur- und Zeitkontrollen sorgen für das gewünschte Ergebnis. Im Prinzip gibt es zwei Röstmethoden: die

Chargenröstung, bei welcher sich meist Trommelröster über einer Hitzequelle drehen, und die kontinuierliche Röstung, bei welcher der Kaffee langsam durch perforierte Röhren geschoben und dabei durch Heißluft erhitzt wird.

In beiden Fällen muss mit der sogenannten Spreu umgegangen werden, da sie eine Brandgefahr darstellt. Einige Hersteller besprühen dazu die Bohnen mit Wasser, um sie abzukühlen und ihnen ein wenig Gewicht hinzuzufügen. Manche Röstereien in Spanien und Lateinamerika geben am Ende des Röstprozesses etwas Zucker zu, um den Bohnen mehr Glanz zu verleihen.

Kritische Faktoren während der Röstung sind die Geschwindigkeit des Vorgangs, das Vermeiden von Versengen und die Reduktion der Hitze im richtigen Moment, um die gewünschte Farbe zu erhalten (siehe S. 52). Eine industrielle Röstmaschine ermöglicht die penible Kontrolle dieser Faktoren, um das bestmögliche Ergebnis zu erzielen. Außerdem entsorgt sie Qualm und Spreu.

Die Kaffeebohne: von der Kirsche über die getrocknete Bohne bis zu verschiedenen Röstgraden.

Zu Hause rösten

Es kann großen Spaß machen, die grünen Kaffee-bohnen zu Hause selbst zu rösten. Am einfachsten funktioniert das mit einer schweren gusseisernen Pfanne – so machten es schon arabische Beduinen und die Pioniere in den USA. Dabei ist es wichtig, die Bohnen mit einem Holzspatel ständig in Bewegung zu halten, damit sie nicht auf dem Metall verbrennen.

Die grünen Bohnen werden erst hellgelb, dann goldfarben, und während sie sich der gewünschten Farbe annähern, beginnen sie zu dampfen und in der Pfanne umherzuspringen. Manchmal landen sie dabei auch daneben. An diesem Punkt ist es wichtig, dass Sie ins Freie gehen können. Am besten kippen Sie die Bohnen an der frischen Luft von einem Metallbehälter in den anderen, um so den Röstvorgang zu stoppen. Das muss einige Zeit lang wiederholt werden, um die Spreu durch den Luftzug zu entfernen. Wenn das nicht funktioniert, müssen Sie die Bohnen selbst anblasen.

Schließlich kühlen die mürben Bohnen ab und können dann gemahlen oder verpackt werden – auch wenn die Beduinen in der Regel sicherlich nur so viele Bohnen geröstet haben, wie sie sofort verbrauchen konnten. Um die größte Authentizität und Qualität zu erreichen, sollten Sie Bohnen aus dem Jemen oder aus Äthiopien verwenden.

Es sind auch einige elektrische Röstmaschinen für den Hausgebrauch auf dem Markt, die gute Lösungen für den Rauch und die Spreu bieten. Sie nehmen allerdings einigen Raum in der Küche ein und erreichen kaum eine so gleichmäßige Bräunung der Bohnen wie eine professionelle Röstung.

Mischung

Bei der professionellen Mischung (*blending*) werden Aroma, Geschmack und Körperfülle von Bohnen verschiedener Herkunft zu neuen Geschmacksrichtungen kombiniert. Auch wenn so ein ganz bestimmter Kaffeestil kreiert werden kann, bevorzugen Liebhaber die meisten hochwertigen Arabica-Bohnen ungemischt, um die speziellen Charakteristika einer Region oder Bohne nicht zu verfälschen.

Nichtsdestotrotz werden die meisten Kaffees in Mischungen kombiniert, was einen Balanceakt hinsichtlich Kosten, Qualität und konstanter Güte bedeutet. Ungefähr 35 Prozent der weltweiten Kaffee-Ernte entfallen auf Robusta-Bohnen, die fast ausschließlich für Mischungen verwendet werden, weil sie durch ihren günstigen Preis die Gesamtkosten senken. Man findet sie meistens in Instant-Pulvern sowie in billigem Kaffee in der Gastronomie oder in Supermärkten.

Espresso ist fast immer eine Mischung. Ein hochwertiger Kaffee aus nur einer Bohnenart, der in einer Espressomaschine zur vollen Entfaltung kommt, ist sehr schwer zu finden (siehe S. 112). Traditionell bestand der Hauptanteil aus einer Mischung von ungewaschenen brasilianischen Arabica- und Robusta-Bohnen. Da Letztere in der Branche aber nur hinter vorgehaltener Hand genannt werden, stellen Produzenten vermehrt 100-prozentige Arabica-Mischungen her, die allerdings nach wie vor zu großen Teilen aus ungewaschenen brasilianischen Arabicas mit geringer Säure bestehen.

Mahlverfahren

Um aus den Bohnen ein Getränk gewinnen zu können, müssen sie zunächst gemahlen oder pulverisiert werden. In der Türkei und Arabien tat man das ursprünglich mit Mörser und Stößel. Das Pulver wurde dann in einem *Ibrik* (siehe S. 115) aufgekocht, was ein wunderbar intensives Aroma erzeugt.

Wenn Sie keinen Ibrik benutzen wollen, eignen sich alle auf dem Markt erhältlichen Kaffeemühlen (siehe S. 111). Wenn Sie allerdings gemahlenen Kaffee kaufen und in einem Ibrik zubereiten wollen, sollten Sie stets besonders fein gemahlene, industriell verarbeitete Bohnen kaufen. Nur die modernen wassergekühlten Walzenmühlen können die gewünschte Feinheit erreichen, alle anderen Mahlmethoden überhitzen die

Unterschiedliche Röstungen und Aromen

Je dunkler die Röstung ist, desto stärker verändern sich schwächere Noten wie Säure und Zitrusfrüchte zu einem volleren, herberen Aroma. Professionelle Kaffeeröster bestimmen durch ein Testverfahren, welche Farbe dem Charakter eines Kaffees nach dem Rösten am besten entspricht. Manchmal werden aus grünen Bohnen derselben Sorte zwei oder mehrere Versionen unterschiedlicher Farbe geröstet, um verschiedenen Geschmacksvorlieben und Zubereitungsmethoden gerecht zu werden. Prinzipiell passt zu Espresso eine dunklere Röstung als zu Kaffee aus einer Filtermaschine oder Cafetière.

Im Detail

Unterschiedliche Bohnen und
Geschmacksrichtungen
verstehen und kombinieren

» Die Kunst des Kaffeemischers

Das Mischen von Kaffee setzt eine jahrelange Ausbildung voraus, und die verschiedenen Techniken sind
in der Regel sorgfältig gehütete Geheimnisse. Das
Vorgehen selbst ist hoch umstritten: Viele sind der
Meinung, dass die verschiedenen Bohnen vor dem
Mischen geröstet werden sollten, damit sich die
typischen Aromen der jeweiligen Sorten voll entfalten
können. Andere wiederum bestehen darauf, dass die
Bohnen erst gemischt und dann geröstet werden,
damit sich die Aromen zuerst vermengen.

Der Tester muss nicht nur umfangreiche Kenntnisse
der Bohnen und Aromen haben. Er muss auch Kaffees auswählen, die vorgeschriebenen Preislimits ent-
sprechen, ohne dabei die Qualität oder Konsistenz
des Endproduktes zu gefährden. Dabei muss er den
typischen Geschmack, den der Hersteller für seine
Marke entwickelt hat, erzielen.

Diese Vorgaben gelten für die Mischung von Kaffees
aller Preiskategorien. Auch ein Restaurant mit drei
Michelin-Sternen wird alles tun, um seinen eigenen,
charakteristischen Hauskaffee über die Jahre in gleich-
bleibender Qualität anbieten zu können.

Bohnen und zerstören die wertvollen Öle. Bitten Sie Ihren Kaffeehändler nicht darum, die Bohnen für Sie zu mahlen. Wahrscheinlich hat er eine Scheibenmühle, die sich für alle Mahlgrade eignet – jedoch nicht für das sehr feine Puder des türkischen Kaffees.

Darauf sollten Sie achten, wenn Sie zu Hause Kaffee mahlen:

1. Nehmen Sie nicht automatisch an, dass alle Kaffeebohnen bei Ihrem Kaffeespezialisten frisch geröstet sind. Sind sie älter als zehn Tage, verzichten Sie lieber.
2. Wenn die Verpackung ein kleines Plastikventil hat, stehen die Chancen gut, dass der Kaffee noch frisch ist.
3. Man kann nicht davon ausgehen, dass Röstmaschinen und Mühlen für den Hausgebrauch dieselbe Qualität erreichen wie kommerzielle.
4. Experimentieren Sie mit verschiedenen Bräunungsgraden, um herauszufinden, welche Röstung sich am besten für Ihre liebste Zubereitungsmethode eignet. Die verschiedenen Brauntöne sind ein guter Hinweis auf unterschiedliche Geschmacksnuancen.

Die Robusta-Bohne

Der Robusta-Kaffee wurde im späten 19. Jahrhundert in Uganda entdeckt. Eine Probe wurde bei der New Yorker Kaffeebörse eingereicht, die die Bohne als „praktisch wertlos" sofort vom Handel ausschloss. Mittlerweile macht Robusta über ein Drittel der gesamten Weltproduktion aus. Die Bohne enthält doppelt so viel Koffein wie die hochwachsende Arabica.

Verkostungsmethoden

Ein professioneller Kaffeetester muss eine große Anzahl von Proben beurteilen und relativ schnell wichtige Entscheidungen treffen. Das ist insofern wichtig, als dass eine Containerladung (zum Beispiel mit 250 Säcken à 60 Kilo) viel Geld bedeutet. Bei circa 1.500 Euro pro Tonne sind das pro Container 22.500 Euro.

Professionelle Verkostung

Größere wie kleinere Firmen gehen bei der Verkostung gleich vor: Eine Probe von ungefähr zehn Gramm grünem, ungeröstetem Kaffee wird in einer kleinen Maschine für Proben geröstet.

Nachdem er abgekühlt ist, wird der Kaffee in eine kleine Porzellanschüssel gefüllt, genau wie zahlreiche andere Kaffees, die zum Vergleich dienen. Anschließend wird kochendes Wasser in die Schüsselchen gegossen, umgerührt und das Gebräu circa fünf Minuten lang stehen gelassen. Danach wird mit zwei Suppenlöffeln die Kruste von der Oberfläche entfernt. Dieser Schritt erlaubt es dem Tester, den Kaffee zu riechen, während die oberste Schicht gebrochen wird und der Kaffee sein Aroma verströmt.

Wenn die verbleibende Flüssigkeit ein wenig abgekühlt ist, schöpft der Tester einen Löffel des Kaffees ab und schlürft ihn rasch und unvermeidbar geräuschvoll in den Mund, sodass er sich auf allen Geschmacksrezeptoren des Gaumens verteilt, bevor er in einen Spucknapf entsorgt wird. Auf diese Weise werden alle aufgereihten Kaffees zum Vergleich probiert. Während sie abkühlen, wird dieser Vorgang wiederholt,

Kollegen werden konsultiert und Diskussionen geführt, bis man schließlich zu einem Abschlussurteil kommt. Tests zufolge liefert das erste Aroma, das beim Brechen der Kruste freigesetzt wird, dem Kaffeeprüfer schon circa 75 Prozent der Informationen, die er benötigt. Beim eigentlichen Probieren ergänzt er die fehlenden Geschmackskriterien.

Verkostung durch Laien

Für den durchschnittlichen Kaffeetrinker, auch wenn er sich selbst als Kenner betrachtet, sieht die Verkostung selbstverständlich ganz anders aus. Zunächst dürfte das Aufreihen zahlloser Proben auf dem heimischen Küchentisch selbst die Ehen der größten Gourmets auf eine harte Probe stellen – und spätestens beim Schlürfen und Spucken wird dann wohl Schluss sein. Nichtsdestotrotz kann es eine nützliche Hilfe für jeden Laien sein, das Vokabular eines professionellen Testers zumindest in Ansätzen zu kennen.

Aroma: Macht einen großen Anteil am Reiz des Kaffees aus, ist aber naturgemäß schwer zu beschreiben. Generell ist der erste Eindruck wichtig: Wenn ein Kaffee gut riecht, dann ist er vermutlich gut.

Körper oder „Mundgefühl": Der Grad der Dickflüssigkeit oder das Gefühl von Schwere, das häufig von den Ölen im Röstungsprozess hervorgerufen wird. Südostasiatische Kaffees haben oft einen vollen Körper, aber keine Säure. Spitzenkaffees aus Ostafrika haben einen öligen Körper, gepaart mit hohem Säureanteil.

Säure: Das Gefühl von Trockenheit auf der Zunge, ähnlich wie bei trockenem Weißwein. In Kombination mit einem zitronigen (wie bei vielen Kaffees

Weise Worte

Andrew Knight, Geschäftsführer von Andronicas Coffee, UK

039

» Auf frisch geröstete Bohnen achten

Nichts ist wichtiger als das Aroma, wenn man versucht, den Geschmack einer Tasse Kaffee zu erahnen. So wie der Geruch von frisch gebackenem Brot in einer Bäckerei Ihre Fantasie anregt, ist auch der Duft von frisch geröstetem Kaffee äußerst verführerisch.

Großartige Kaffees, egal ob nur aus einer Bohnensorte oder Mischungen, sind bedeutungslos, wenn sie nicht frisch geröstet sind. Erst während des Röstprozesses werden die feinen Geschmacksnuancen und Aromen freigesetzt. Wie auch bei anderen Lebensmitteln wird eine Herstellung, die auf Haltbarkeit abzielt, dem Produkt nicht gerecht.

Denken Sie also immer daran, dass die Frische das Wichtigste ist – Sie werden nie eine gute Tasse Kaffee aus abgestandenen Bohnen erhalten. Weitere gute Tipps: Bei teuren Kaffees geht es um Seltenheit, nicht um einen hervorragenden Geschmack; verwenden Sie immer Bohnen, die den richtigen Mahlgrad für die jeweilige Zubereitungsart haben; und nehmen Sie stets genügend Kaffee für den gewünschten Geschmack – ein Teelöffel wird dafür kaum ausreichen.

aus Ostafrika) oder nussigen (bei Kaffees aus Kolumbien und Mittelamerika) Geschmack ist Säure erwünscht. Tendiert er allerdings insgesamt ins Metallische, ist sie weniger erstrebenswert.

Geschmack: Eine Mischung aus den anderen drei Charakteristika. Er ist ausgewogen, wenn er nicht zu dominant ist, komplex, wenn er aus verschiedenen Ebenen besteht, und reichhaltig, wenn er einen vollen Körper hat.

Typische Geschmacks-/Aromanuancen:

duftig: ein charakteristisches, parfumhaftes Aroma von Blumen und/oder Gewürzen.

erdig: eine dumpfe Note, die sich manchmal in Kaffees geringer Qualität aus Sumatra findet.

fruchtig: sowohl Geschmack als auch Aroma erinnern an Zitronen, Johannisbeeren oder Ähnliches.

harmonisch: ausgeglichen, vollmundig.

karamellig: schmeckt nach Süßigkeiten oder Sirup.

mild: ein runder, weicher Geschmack, dem es typischerweise an Säure fehlt.

nussig: der Geschmack erinnert im Abgang an geröstete Nüsse.

schokoladig: Nachgeschmack wie herbe Schokolade oder Vanille.

streng: ein Geschmack, der normalerweise nicht erwünscht, aber typisch für äthiopische Kaffees ist.

süß: weich.

weinig: der Nachgeschmack erinnert an gut gereiften Wein (typisch für Kaffee aus Kenia oder dem Jemen).

würzig: Geschmack und Aroma erinnern an Gewürze.

Kaffee trinken

Es gibt unzählige Arten der Kaffeezubereitung. Die folgenden gehören zu den beliebtesten:

Milchkaffee: ein Kaffee mit einem hohen Milchanteil.

Caffè Latte: die italienische Version des Milchkaffees, allerdings mit Espresso statt Filterkaffee und heißer, nicht aufgeschäumter Milch.

Café au Lait: die französische Variante des Milchkaffees. Zu gleichen Teilen aus Milch und Kaffee.

Café macchiato: ein Espresso mit ein wenig warmer aufgeschäumter Milch. In Frankreich heißt er *noisette* nach seiner haselnussbraunen Farbe.

Cappuccino: besteht zu gleichen Teilen aus Espresso, heißer Milch und aufgeschäumter Milch und wird mit Schokoladenstreuseln oder Zimt bestreut.

Espresso: starker schwarzer Kaffee, der normalerweise in 30-Milliliter-Portionen ausgeschenkt oder als Basis für andere Kaffeegetränke verwendet wird.

Espresso romano: ein Espresso mit ein wenig Zitronenschale und Zucker.

Latte macchiato: prinzipiell wie ein Cappuccino, allerdings üblicherweise mit mehr und stärker aufgeschäumter Milch, in die der Espresso geschüttet wird.

Koffein

Koffein ist die Substanz, die Sie morgens wach werden lässt, Sie zur Arbeit treibt und manchmal den ganzen Tag lang aufgeregt plappern lässt. Aber was genau ist Koffein eigentlich?

Natürliches Abwehrmittel

Die Antwort mag Sie überraschen: Koffein ist ein natürliches Insektizid, mit dem sich die Pflanzen gegen die verschiedenen tropischen Motten, Ameisen und Käfer wehren. Das bittere Alkaloid sorgt dafür, dass sie Magenschmerzen bekommen oder sogar sterben. Koffein befindet sich in der Bohne, dem empfindlichen Teil der Pflanze, der für die Fortpflanzung zuständig ist. Robusta-Bohnen enthalten doppelt so viel Koffein wie Arabica-Kaffee – ein Grund, weshalb sie als schwarzes Schaf unter den Kaffees gelten und man einen großen Bogen um sie macht.

Dosierung

Koffein ist ein leichtes Suchtmittel und kann alle möglichen Symptome und Entzugserscheinungen hervorrufen, unter anderem Herzrasen, Kopfschmerzen oder Konzentrationsschwierigkeiten. All dies sind gute Gründe, entkoffeinierten Kaffee zu trinken. Es kann einige Tage dauern, bis die Sucht nachlässt. Danach scheinen sich die Tage im Büro zwar unendlich in die Länge zu ziehen, aber langfristig ist es für Ihre Gesundheit wesentlich besser.

» Amerika und die Karibik

Südamerika

Der Großteil des Kaffees, der rund um den Globus getrunken wird, stammt aus Südamerika – wenngleich die Qualität nicht immer herausragend ist. Brasilien ist der weltweit größte Hersteller und produziert ungefähr ein Drittel des gesamten Kaffees; dabei handelt es sich in erster Linie um Robusta-Sorten.

Kolumbien

Dank der hohen Berge und des idealen Klimas ist Kolumbien der weltweit größte Produzent von gewaschenem Arabica-Kaffee, der zudem für seine konstante Qualität bekannt ist. Ein einflussreicher Wirtschaftsverband (Federación Nacional de Cafeteros de Colombia) verwaltet die zahllosen Kleinbetriebe, um die strikte Einhaltung der Qualitätsstandards zu kontrollieren und zu verhindern, dass Kaffee illegal unter dem Ladentisch verkauft wird. Die drei wichtigsten Anbaugebiete sind Medellín, Armenia und Manizales, wobei Bohnen aus Medellín generell einen geringfügig kräftigeren Körper haben. Der höchste Qualitätsgrad ist *Supremo* mit einer feinen, ausgeglichenen Säure.

Die FNCC erlaubt den Bauern und Kooperativen zunehmend, auch direkt an Röstereien zu verkaufen. Es lohnt sich, diese seltenen Kaffees zu probieren.

» Asprotimana-Kooperative

 Ein Kaffee, den es auf alle Fälle zu kosten lohnt, stammt von der Asprotimana-Kooperative (Asociación de Productores Agrícolas de Timaná) in Huila. Ihr gelingt es immer wieder, preisgekrönte Kaffees von hoher Qualität zu produzieren. Darüber hinaus ist sie Fairtrade- und Rainforest-Alliance-zertifiziert. Der Kaffee hat einen ausgewogenen Körper und Säure mit Anklängen von Himbeere. Dies ist einer der seltenen Spezialitätenkaffees, die sich ungemischt für die Espressomaschine eignen.

Peru

Obgleich es zu den zehn größten Kaffeeproduzenten weltweit gehört, hat Peru keinen großen Einfluss auf den Markt. Vielleicht liegt es daran, dass peruanischer Kaffee häufig eher dünn ist, sodass seine Säure stark hervortritt. Daher werden die Kaffees oft für Mischungen verwendet.

Peru hat wesentlich von der Fairtrade-Bewegung profitiert – möglicherweise auch, weil es eines der beliebtesten Urlaubsziele in Südamerika ist. Es ist allerdings diskutabel, ob die peruanischen Produzenten einen großen qualitativen Sprung gemacht haben.

» ### Pangoa-Kooperative
Einige peruanische Kaffees sind hervorzuheben; dazu gehört besonders der Fairtrade-Biokaffee der Pangoa-Kooperative aus dem Amazonas-Gebiet. Die Kooperative befindet sich in San Martín de Pangoa, 450 Kilometer östlich von Lima. Ihr Kaffee hat ein volles,

reichhaltiges Aroma und ist weich und karamellig im Abgang.

Bolivien

Lange Zeit war Bolivien mehr am Koka- als am Kaffeeanbau interessiert. Der wachsende Handel mit Kaffeespezialitäten – gepaart mit Regierungssubventionen – brachte die Bauern jedoch dazu, die Kaffeeproduktion aufzunehmen. Sowohl die hohen Berge als auch der fette Boden sind ideal für den Anbau einiger Spitzenkaffees. Anfangs gab es allerdings einige Probleme mit dem Transport von Bohnen über die Berge, weil sie dort dem Frost ausgesetzt waren.

» **Calama Marka**
Die Produktion ist stark begrenzt durch die Größe der Farm in der Yungas-Region, nordöstlich von La Paz. Daher ist es extrem schwierig, diesen Kaffee zu bekommen – aber es ist die Mühe wert. Er ist sehr ausgewogen, mit einem lang anhaltenden Nachgeschmack und kräftigem Aroma. Im Jahr 2005 gewann Calama Marka einen Cup-of-Excellence-Wettbewerb.

Venezuela

Kaffee wurde im 18. Jahrhundert in Venezuela eingeführt und entwickelte sich zu einem wichtigen Wirtschaftsfaktor. Venezuela war zeitweise tatsächlich ein ähnlich wichtiger Kaffeeproduzent wie Kolumbien –

Weise Worte

Felipe Barretto Croce,
Qualitätsmanager bei Fazenda
Ambiental Fortaleza, Brasilien

» Brasilianische Spezialitäten

Vor 20 Jahren produzierte Brasilien auf großen, niedrig gelegenen Plantagen riesige Mengen an Durchschnittskaffee. Gourmetkaffees waren damals noch niemandem ein Begriff, aber das Mikroklima des Landes barg großes Potenzial für den Anbau. Wir von Fazenda Ambiental Fortaleza behandeln Kaffee als Getränk, nicht als Gewichtseinheit.

Nachdem ich im Ausland eine Ausbildung als Verkoster absolviert hatte, kehrte ich auf die Plantage zurück, um hier die Qualität weiterzuentwickeln. Aufgrund unserer Größe können wir nicht mit den Preisen anderer konkurrieren, stattdessen setzen wir auf Qualität. Zunächst galt es, neue Methoden zu finden, welche die Qualität unseres Kaffees erhöhen und gleichzeitig im Einklang mit unserer Tradition stehen. Wir wählten neue Pflanzensorten aus und konzentrierten uns auf angemessene Pflückmethoden sowie neue Produktionsverfahren – stets auf der Suche nach Perfektion.

Brasilianische Spezialitätenkaffees neigen dazu, wenig Säure zu haben. Daher bieten wir einen der seltenen Kaffees an, der besonders gut bei der Espressozubereitung zur Geltung kommt.

bis die Entdeckung von Erdöl einen Wirtschaftsaufschwung auslöste und die Kaffeeproduktion plötzlich sank. Das generell wachsende Interesse an Spezialitätenkaffees und die relativ hohe Preisstabilität haben jedoch das Interesse an venezolanischem Kaffee erneuert. Heute sind fast 70 Prozent der Produktion Arabica-Bohnen. Auch wenn insgesamt wenig Kaffee produziert und exportiert wird – weniger als ein Prozent der Weltproduktion –, gibt es doch ein paar Kaffees, die es zu probieren lohnt.

» **Maracaibos**

Im äußersten Westen von Venezuela, nahe der kolumbianischen Grenze, wächst der beste Kaffee des Landes. Er trägt die generelle Bezeichnung Maracaibo, nach dem in der Nähe gelegenen Hafen.

Die bekanntesten Kaffees aus dieser Region sind Mérida, Trujillo und Táchira. Mérida hat typischerweise einen mittleren bis guten Körper und ein wenig betontes, aber angenehm süßes Aroma, während die

Kaffee und Sklaverei

Beim Thema Sklavenbefreiung hinkte Brasilien lange hinterher, da Kaffee ein extrem wichtiger Wirtschaftsfaktor war und für die Ernte nicht auf Sklavenarbeit verzichtet werden konnte, um konkurrenzfähig zu bleiben. Erst als die Verantwortlichen davon überzeugt werden konnten, dass Fremdarbeiter aus Süditalien dieselbe Arbeit für einen Hungerlohn machen würden, wurde die Sklaverei 1888 abgeschafft.

anderen beiden mehr dem kolumbianischen Nachbarn ähneln, da sie über eine feine, nussige Säure verfügen. Der höchste Qualitätsgrad aus Venezuela heißt
Lavado Fino („fein gewaschen").

Brasilien

Im 19. Jahrhundert entwickelte sich die Kaffeeindustrie in Brasilien immens schnell und wurde zu einem
der wichtigsten Wirtschaftsfaktoren. Auch wenn die
Güterproduktion seither deutlich vielfältiger geworden ist, stellt Brasilien jährlich immer noch eine un-
fassbare Menge an Kaffee her: Für 2012 sind die Re-
kordmengen von 40 Millionen Säcken Arabica und
13 Millionen Säcken Robusta prognostiziert.

In Brasilien scheint alles überdimensioniert zu sein –
die Kaffeeplantagen (*fazendas*), die sich über etliche
Quadratkilometer erstrecken, bilden da keine Ausnahme. Solche Dimensionen
sorgen dafür, dass das Land bis
heute seine Spitzenposition auf
dem Markt halten kann.

Diese Tradition verspricht
nichts Gutes für den Versuch,
sich auf dem Markt für Kaffeespezialitäten zu etablieren.
Doch zukunftsorientierte Farmer wie die der Fazenda Ambiental Fortaleza haben viel in
das ganze Drum und Dran investiert, das neben der Qualität
heute für die Produzenten von

Spezialitätenkaffee unabdingbar ist: ökologischer, nachhaltiger Anbau, Bildungsangebote und sogar ein eigener YouTube-Kanal.

» Recanto

Gegründet wurde die Recanto-Farm 1916, wobei die frühesten Zeugnisse über Kaffeeanbau in dieser Region bereits aus dem 18. Jahrhundert stammen. Die etwa 400 Hektar große Plantage wurde 2006 von der Rainforest Alliance zertifiziert. Der Kaffee hat einen vollen Körper, eine für Brasilien untypische Säure und Anklänge von Vanille.

Ecuador

Auf dem Festland von Ecuador werden geringe Mengen an Kaffee produziert – sowohl Arabica als auch Robusta –, die allerdings hauptsächlich im Land selbst konsumiert werden. Ein bemerkenswerter Kaffee wächst auf den zu Ecuador gehörigen Galápagos-Inseln.

» Santa Cruz Estate Coffee

1869 gelangte Kaffee auf die Galápagos-Inseln. Da die Inseln den Status eines UNESCO-Weltnaturerbes haben, dürfen dort weder Düngemittel noch Chemikalien eingesetzt werden. De facto ist der Kaffee also biologisch angebaut – und es gibt wohl keinen Ort, an dem der Vogelschutz besser umgesetzt wird!

Die anfänglich eingeführte Bourbon-Sorte wird noch immer angebaut und bringt einen ausgeglichenen Kaffee mit mittlerem Körper hervor. Santa Cruz Estate ist der Nachfolger der allerersten Plantage und wirbt mit der charakteristischen Weichheit seines Kaffees.

Mittelamerika

Auch wenn dort nur ein relativ geringer Prozentsatz des weltweiten Kaffeeumsatzes erwirtschaftet wird, ist der Kaffeeanbau in Mittelamerika ein wichtiger Industriezweig. Die Einzigartigkeit und Qualität vieler dieser Kaffees hat eine enorm hohe Nachfrage zur Folge. Der größte Produzent in dieser Region ist Guatemala, wo aufgrund der klimatisch extrem unterschiedlichen Gebiete zahlreiche verschiedene Kaffeesorten wachsen.

051

Panama

Bis das Interesse an Spezialitätenkaffees in den letzten 20 Jahren sprunghaft zu steigen begann, war Kaffee aus Panama auf dem Markt eher eine Randerscheinung. Als jedoch entdeckt wurde, dass eine bestimmte Pflanze, die nur auf kleinen Farmen im Hochland wächst, eine einmalig blumige Note aufweist, begann Kaffee aus Panama plötzlich Aufmerksamkeit zu erregen – und hohe Preise zu erzielen.

Die Boquete-Kaffees aus der Chiriquí-Provinz an der Westküste Panamas sind die begehrtesten. Sie stammen von kleinen Familienbetrieben, die wahrlich einzigartige, im Schatten gewachsene Kaffees anbauen. Zum Pflücken werden Arbeiter des indigenen Volkes Ngobe-Bugle beschäftigt – unter Bedingungen, die zu den besten in ganz Mittelamerika gehören.

» Optimale Röstgrade

Die Farbe, die Kaffee bei der Röstung erlangt, hat enormen Einfluss auf den Geschmack. Leicht gerösteter Kaffee besitzt im Vergleich zu stärkeren Röstungen weniger Körper und Geschmacksnoten wie Säure und Fruchtigkeit. Dunklere Röstungen haben einen volleren Körper und einen angebrannteren Geschmack.

Für jede einzelne Kaffeequelle, sei es eine bestimmte Plantage, Region oder das Herkunftsland, gibt es den optimalen Röstgrad. Beispielsweise lassen sich die grasigen Noten einiger Kaffees aus Malawi durch eine dunklere Röstung ausgleichen, während die leichtere Röstung eines Kaffees aus dem benachbarten Kenia seine Fruchtigkeit und Säure hervorhebt.

Vorlieben, was die Röstung angeht, sind kulturell bedingt. Dunklere Röstungen werden zum Beispiel in lateinamerikanischen Ländern bevorzugt, während in nordischen Ländern wie Finnland – dem Land mit dem höchsten Pro-Kopf-Kaffeeverbrauch der Welt – leichtere Röstungen beliebter sind, die die Vorzüge feiner Spitzenkaffees besser betonen.

» ### Hacienda La Esmeralda

 Die Plantage Hacienda La Esmeralda liegt in der Provinz Chiriquí in den Bergen im Westen Panamas, auf den Hängen des Mount Barú, wo auf circa 134 Hektar angepflanzt wird. Die Plantage nutzt die seltene Geisha-Pflanze, deren Bohnen nach Blumen und Früchten riechen, über eine ausgewogene Säure und einen mittleren Körper verfügen.

Costa Rica

Lange Zeit war Costa Rica für die herausragende Qualität seiner Kaffees berühmt; ein Ruf, der sich im Zuge der wachsenden Bedeutung des Marktes für Spezialitätenkaffee als zweischneidiges Schwert erwiesen hat. Die Industrie in Costa Rica besteht aus großen Plantagen mit hohen Qualitätsstandards, die von einem einflussreichen Coffee Board kontrolliert werden. So bestand bis vor Kurzem kaum Zugang zu den kleinen Farmen, die auf dem modernen Markt bevorzugt werden. Perfekt ausgewogene, saubere Kaffees sind üblicherweise das Ergebnis industrialisierter Produktion auf großen Plantagen, hinter denen ein gutes Marketing steht. Was diesem erfolgreichen Konzept in Costa Rica lange fehlte, war, dass auch die kleinen Produzenten direkt an die Röstereien verkaufen konnten.

Umweltfreundliche Mikromühlen erlauben es nun auch kleinen Produzenten, ihre eigenen Kirschen zu schälen und damit ihre Qualität und den Preis zu kontrollieren. Die Zitrus- oder Beerenaromen in der Säure dieser Kaffees, mit deutlichen Anklängen an Nüsse oder Schokolade, sind begehrt. Costa Rica hat besonders hohe Standards beim Umweltschutz und den Sozialleistungen für Arbeiter.

» **Caturra de Zarcero**
Dieser Kaffee wird in einer Mikromühle im West-Valley-Gebiet hergestellt. Die Kombination aus einem leichten Körper, Zitrus-Noten und Süße zeichnet diesen ungewöhnlich erfrischenden, süßen und sauren Kaffee aus.

» **Don Jose Micromill,
San Juanillo Farm**
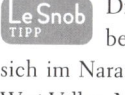 Dieser Familienbetrieb befindet sich im Naranjo-Gebiet im West Valley. Mit seinem blumigen Aroma und schokoladigem Körper erinnert der Geschmack dieses Kaffees fast an eine frisch gebackene Kirsch-Aprikosen-Torte.

Nicaragua

In den frühen 1980er-Jahren, während der sandinistischen Regierung, wurde der Kaffee aus Nicaragua berühmt. Viele linke westliche Intellektuelle, die mit der neuen Regierung sympathisierten und die amerikanische Politik ablehnten, betrachteten den Kauf nicaraguanischen Kaffees als politisches Statement. Die Bürgerunruhen dieser Zeit sowie Hurrikan-Schäden richteten große Verwüstungen in der Kaffeeproduktion an, von denen sich Nicaragua erst allmählich zu erholen beginnt.

Die Kaffees aus den Regionen Segovia, Jinotega und Matagalpa gelten als qualitativ hochwertig. Sie haben eine leichte Säure, daneben Körper und Ausgewogenheit. Die meisten wachsen im Schatten und verfügen über eine helle Zitrus-Note. Die besten werden als SHG (*Strictly High Grown*) klassifiziert.

» **Selva Negra Estate SHG**
Selva-Negra-Estate-Kaffee wächst auf der Plantage La Hammonia, die seit über 100 Jahren produziert. Diese Farm baut biologisch an, berücksichtigt den Vogelschutz – und beherbergt Touristen. Ihr Kaffee hat einen leichten Körper und schmeckt nach Zitronensirup und würziger Schokolade.

El Salvador

In Mittelamerika hat El Salvador aufgrund politischer Instabilität und sozialer Ungleichheit wohl historisch den schlechtesten Ruf. Das zeigte sich auch in der Qualität der Kaffees: Ein großer Kaffee kann unter solchen Umständen kaum produziert werden. Mit den politischen und sozialen Verbesserungen der letzten Jahre investieren die Kleinbauern jedoch vermehrt in die Qualität ihrer Produktion. Gestärkt durch den Trend zum bäuerlichen Kleinbetrieb, gehören die Kaffees dieses Landes inzwischen zu den besten der Gegend: Ihre Qualität ist hervorragend, die Säure großartig, und sie haben Raffinesse und Tiefe.

» **Santa Ana**

Der Gebirgszug Apaneca-Llamatepec beheimatet die dichteste Konzentration von Kaffeeplantagen in El Salvador. Santa-Ana-Kaffee wird auf reicher Vulkanerde an den Berghängen angebaut. Das verführerische Aroma dieses vielschichtigen Kaffees erinnert an Blumen und Pfirsiche und harmoniert hervorragend mit den schokoladigen Untertönen.

» **Blanca Marina Reyna de Flores**

Dieser Kaffee wird auf der winzigen Farm El Pileto im Nordwesten produziert. Seine zitronige Säure ergibt in Kombination mit seinem vollen Körper eine herrliche Balance.

Guatemala

Guatemala blickt auf eine lange Tradition von wirklich hochklassigen Kaffees zurück – insbesondere aus Antigua –, die eine seidige Säure und ein rauchiges, würziges, blumiges, aber flüchtiges Schokoladenaroma besitzen. Die besten Kaffees tragen die Bezeichnung SHB (*Strictly Hard Bean*). Aus Atitlán, Cobán und San Marcos kommen ebenfalls feine Bohnen, wobei die Kleinbauern in Atitlán besonders umweltfreundlich produzieren. Der Kaffee wird im Schatten heimischer Bäume und Pflanzen biologisch und vogelfreundlich angebaut.

» Finca Candelaria

Der Familienbetrieb auf den Bergen nahe Antigua baut bio- und ökologisch exzellenten Kaffee an. Er hat eine reiche, fruchtige Süße und einen weichen, vollen Körper.

» El Diamante

Le Snob TIPP Er wird auf einer kleinen, von einem Schwesternpaar geführten Farm produziert. Ihr Erbe: Bourbon-Pflanzen. Die Säurenoten dieses Kaffees haben ein wenig Süße und werden gut vom vollen Körper ausgewogen.

EINZIGARTIG » EXKLUSIV » ULTIMATIV **Snob**

Spätes Comeback Auf der Weltausstellung von 1851 in London wurde dem Bewertungskomitee eine Probe Norfolk Island Coffee eingereicht (benannt nach einer ehemaligen britischen Strafkolonie im Südpazifik, die jetzt zu Australien gehört). Der Kaffee wurde beschrieben als „... von guter Farbe, gut geeignet für die Röstung und sehr begehrenswerte Neuheit". Dann verschwand er für 150 Jahre von der Bildfläche – bis er kürzlich auf der Norfolkinsel wieder eingeführt wurde. Potenzielle Käufer sollten allerdings bedenken, dass die Produzenten nicht verraten, wie der Kaffee verpackt wird, was angesichts des langen Transportwegs durchaus interessant wäre.

Mexiko

Die mexikanischen Kaffeebauern konzentrieren sich hauptsächlich darauf, ihre Voraussetzungen für Fairtrade- und Umwelt-Zertifizierungen zu optimieren – und überlassen Gourmetkaffees anderen Ländern. Der Kaffee kommt vorwiegend aus drei Gebieten im Süden: Veracruz, Chiapas und Oaxaca. Gute mexikanische Kaffees sind bekannt für ihre leichten Körper und ausgeprägte Säure, obwohl die aus Chiapas in Volumen und Intensität den Kaffees aus Guatemala ähneln können. Die Ernte vieler der berühmtesten Farmen Mexikos wird fast ausschließlich nach Europa exportiert – insbesondere nach Deutschland.

» **Muxbal „Cloud Forest" Chiapas**

Le Snob TIPP Die Muxbal-Plantage liegt auf 1.600 Metern an den Hängen des Tacaná-Vulkans. Ein großer Teil der Farm ist ein wunderschönes Naturschutzgebiet, daher lautet ihr Name wörtlich übersetzt „Platz umringt von Wolken". Der Kaffee, der Rainforest-Alliance-zertifiziert ist, besitzt eine zitronige Säure und ausgeprägte zuckrige Noten.

» **Organic-Chiapas-Proish-Kooperative**

Ein klassischer Chiapas-Kaffee, der auf einer kleinen Farm angebaut wird. Neben seinem pfirsichartigen Geschmack und einem gut ausgewogenen Körper tritt seine zuckrige Not hervor.

Muxbal Café orgánico

Die Karibik

Kaffee kam durch die drei großen Kolonialmächte Spanien, Großbritannien und Frankreich auf die Karibischen Inseln, die zur Ernte Sklaven einsetzten – wie beim Zuckerrohr, das im Großen und Ganzen der Vorgänger des Kaffees war.

Jamaika

Blue-Mountain-Kaffee ist eine Kaffeespezialität, von der die meisten schon einmal gehört haben. Die hohen Gebirgskämme der Blue Mountains ragen über der Hauptstadt Kingston empor. Dort wird der Kaffee produziert, der früher als der einzige Spitzenkaffee auf dem Weltmarkt galt. Sein Ruf wurde noch von dem Gerücht verstärkt, die englische Queen höchstpersönlich habe sich per Kurier Kaffee vom Wallenford Estate bringen lassen.

Blue Mountain wurde in den 1970er-Jahren weitestgehend von den Japanern kontrolliert (entgegen der landläufigen Meinung entwickelte sich Japan nach dem Krieg zu einer Nation leidenschaftlicher Kaffeetrinker). Die sogenannte Blue-Mountain-Line – die Richtlinie für die Klassifizierung eines Kaffees als Blue Mountain – wurde seltsamerweise stark gelockert und das jamaikanische Coffee Board hatte den Handel so fest im Griff, dass es unmöglich wurde, Kaffee von einzelnen Farmen zu kaufen.

Heutzutage steht die Vormachtstellung von Blue-Mountain-Kaffee unter Experten ernsthaft zur Debatte;

Weise Worte

Robério Oliveira Silva,
Geschäftsführender Direktor
der International Coffee
Organisation, UK

» Wie hat sich der Markt für Spezialitätenkaffee entwickelt?

061

Das Konzept dieses Kaffees entstand ursprünglich aus dem Wunsch, Kaffee nicht mehr als Bedarfsgut, sondern als echtes Produkt zu sehen – mit dem Ziel, den Konsumenten besonderen Genuss zu bieten. Während die Nachfrage an Kaffee in Märkten wie China, Indien, Mexiko und Brasilien generell wächst, sorgen auf den älteren Märkten der EU, in Japan und den USA Spezialitätenkaffees für Wachstum und höhere Preise im Einzelhandel.

Als Folge dieser Entwicklung maximieren Bauern mittlerweile ihren Gewinn, indem sie verschiedenen Käufern auf deren Bedürfnisse abgestimmte Produkte anbieten. Das übt einen Einfluss aus, der weit über den relativ kleinen Marktanteil hinausgeht: Die steigende Beliebtheit von Spezialitätenkaffee ermuntert andere Bauern, denselben Weg einzuschlagen, während zugleich die besondere Qualität und Herkunft der Kaffees neue Konsumenten, insbesondere junge Leute, anziehen.

seine Qualität und Beständigkeit werden hinterfragt. Sein hoher Preis hat diesen Kaffee für Betrüger schon immer interessant gemacht, und es besteht sogar der Verdacht, dass manchmal der High-Mountain-Kaffee aus der Nachbarschaft seinen Weg in die berühmten Fässer des Blue-Mountain-Kaffees findet.

Aufgrund seines gewaltigen Rufs ist dieser Kaffee jedoch für die meisten spezialisierten Händler und Röster nach wie vor ein absolutes Muss.

» **Jamaican Blue Mountain RSW Estate Peaberry**

Le Snob TIPP Der Kaffee stammt aus drei berühmten Familienbetrieben: Resource, Sherwood Forest und Whitfield Hall. Die Plantagen liegen auf 800 bis 1.700 Metern Höhe, die ältesten Gebäude wurden bereits 1797 erbaut.

Einige schreiben den Perlbohnen, die circa fünf Prozent der Ernten ausmachen, eine Intensivierung des Geschmacks zu. In diesem Fall betonen sie tatsächlich die besten Charakteristika des Blue-Mountain-Kaffees: eine opulente Weichheit, verbunden mit einem sensationellen Aroma und einem anhaltenden zuckrigen Nachgeschmack.

Puerto Rico

Puerto Rico ist ein Territorium der USA, das ursprünglich von den Spaniern kolonialisiert wurde. Im 19. Jahrhundert ließ sich eine Welle von Immigranten aus Korsika in den Bergen südwestlich der Stadt Yauco nieder und begann dort Kaffee anzubauen. Er war in Europa schon bald heiß begehrt. Um die Jahrhundertwende verwüsteten Hurrikane die Plantagen, und danach verhinderten Zolltarife und andere Faktoren, dass sie wieder vollständig aufgebaut wurden. Obwohl die Herstellung von Yauco-Kaffees kostspielig ist, da die USA auf der Insel hohe Standards für Beschäftigung und Umweltschutz durchgesetzt haben, erlebten sie kürzlich ein Comeback.

» **Yauco Selecto**
Diese Farm, die das Comeback von Kaffees aus Puerto Rico anführte, baut ihren Kaffee in 1.000 Metern Höhe an. Im besten Fall ist der Yauco ein typischer Vertreter für Kaffees aus der Karibik: Er hat einen vollen Körper mit einem Hauch von Schokolade, begleitet von einem wunderbaren Aroma von Beerenobst.

Bohnengröße

Das beste Anbaugebiet auf Kuba, Sierra del Escambray – häufig fälschlich Crystal Mountain genannt –, liegt nördlich der Stadt Trinidad. Der Boden hier enthält ungewöhnlich viel Quarz; der Kaffee hat einen vollen Körper und einen reichen Duft. Aber noch ein anderer Aspekt ist für den Konsumenten interessant: die große glatte Bohne, *screen size* 18, also 6,75 bis 7 Millimeter. Screen Size ist die standardisierte Maßeinheit für die Größe von Kaffeebohnen. Die meisten Arabica-Bohnen kommen kaum über Größe 17 hinaus.

Kuba

Kuba, ursprünglich ebenfalls eine spanische Kolonie, ist die größte Insel in der Karibik. Die Berge des Landes befinden sich hauptsächlich im Südosten. Seit Mitte des 18. Jahrhunderts wird dort Kaffee angebaut, und das Geschäft florierte bis zur Revolution im Jahr 1959. Danach ging es bergab, da unter der neuen Regierung die Fachkräfte in die Städte abwanderten, wobei unklar ist, warum im Tabakanbau nicht dasselbe passierte. Es gab unter Castro einige Initiativen, um die Kaffeequalität zu verbessern – mit unterschiedlichem Erfolg, was primär an mangelnden Investitionen lag. Leider kann die Insel von dem riesigen Wachstum des Spezialitätenmarktes in den USA aufgrund des fortwährenden Handelsembargos nicht profitieren. Andere Länder sind weniger rigoros: 70 Prozent der Arabica-Bohnen werden nach Japan und Frankreich exportiert. Extra Turquino Lavado zum Beispiel ist ein gebräuchlicher Füllkaffee, der sich insbesondere für Espressomischungen eignet.

» Estrella del Norte

 Die Sierra-Maestra-Berge befinden sich im Südosten der Insel, sind dicht bewaldet und bieten damit reichlich Schatten für die Kaffeepflanzen, die dort in höheren Lagen wachsen. Ein Hauch von Zedernholz ergänzt die seidige Weichheit und den vollen Körper dieses Kaffees.

» Afrika und Inselkaffees

Ostafrika

Wie der Mensch stammt auch der Kaffee ursprünglich aus Afrika, präziser: aus Äthiopien. Die geografische Nähe zwischen den Vorfahren des Menschen und den Kaffeepflanzen ließ den einen oder anderen vermuten, das Koffein aus der Kaffeekirsche könnte zum extremen Größenwachstum des menschlichen Gehirns beigetragen haben – dem Ursprung des Homo sapiens und der Sprache.

Heute wird in Afrika sehr viel Kaffee produziert. In Westafrika wächst hauptsächlich Robusta, daher können wir dieses Gebiet getrost übergehen. In Ost- und Zentralafrika aber, von Äthiopien ganz hinunter bis Südafrika, bauen die Staaten Afrikas einige der wertvollsten und begehrtesten Kaffees der Welt an.

Kaffee als Nahrungsmittel

Im westlichen Hochland von Äthiopien, wo Kaffee ursprünglich wild wuchs, röstete die Volksgruppe der Oromo Kaffeekirschen, mahlte sie und vermengte sie mit Fett, um die Masse zu einer Kugel zu rollen. So diente Kaffee als Proviant für lange Märsche. Die Oromo wurden von den Arabern aus Harar versklavt – und könnten so den Kaffee in diese Region gebracht haben, wo er zum ersten Mal kultiviert wurde.

Äthiopien

Fast alle Kaffees aus Äthiopien werden von Kleinbauern angebaut, ohne Chemikalien oder Düngemittel. Die Äthiopier selbst trinken sehr viel Kaffee und ernten daher einen großen Teil für den Eigenbedarf. Der Kaffee wird in der Regel trocken aufbereitet: Die Bohnen lagern in der Sonne auf Dächern oder sogar auf der Straße, werden dann einfach geschält und geröstet. Einige dieser Kaffees landen auch auf dem Exportmarkt. Die besten äthiopischen Kaffees aber – Limu, Sidamo und Yirgacheffe – werden nass aufbereitet, mit Ausnahme der hervorragenden Kaffees aus Harar, einer Region im Osten. Diese Kaffees werden auf traditionelle Weise trocken aufbereitet, manchmal trocknen die Kirschen sogar direkt an den Sträuchern, was ihnen ganz unterschiedliche, von Liebhabern geschätzte Aromen verleiht: fruchtig, streng und käsig zugleich. Diese Komplexität findet sich auch bei Kaffees aus dem Jemen – und in der Tat wurden zu Beginn des Handels mit europäischen Kaufleuten jemenitische und äthiopische Kaffees zusammen verkauft. Dies führte zu der verwirrenden Bezeichnung Mokka bzw. Mocha (der Kaffeeumschlaghafen im Jemen) für Kaffees aus Äthiopien.

» Harrar Longberry Mocha GR 4

GR 4 ist der höchste Gütegrad für Kaffees aus Harar und bezieht sich auf die Qualität der Longberry-Bohnen. Die genaue Herkunft dieser Kaffees ist unklar, weil dafür die Ernten vieler Kleinbauern gemischt werden. Ein wunderbar komplexer Kaffee mit vollem Körper, zugleich weinig und käsig mit einem flüchtigen herben Aroma.

Yirgacheffe GR 2

 Ein legendärer ge-
waschener Kaffee
von den fruchtbaren Böden
der Berge im Südwesten. Aktuell ist Grad 2 der beste er-
hältliche Kaffee – hier wird
genau umgekehrt numme-
riert wie in Harar.

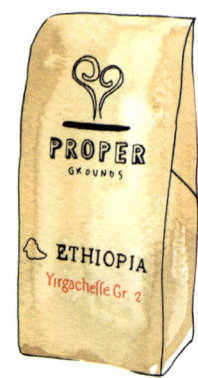

Das beliebteste Charakte-
ristikum eines klassischen Yir-
gacheffes ist seine Note von
Blaubeeren, fast so als sei ein Tropfen Saft in den Kaffee gegeben worden. Aufgrund seiner komplexen
Kombination aus einem ausgewogenen Körper, Säure
und leichten, duftigen Aromen, gilt Yirgacheffe zu
Recht als einer der besten Kaffees der Welt.

Kenia

Für ein Land, das seit Langem unter politischen und
sozialen Auseinandersetzungen zu leiden hat, ist die
kenianische Kaffeeindustrie ein Beispiel an Effizienz:
Sie produziert konstant große Mengen von Kaffee, der
weltweit zu den besten gehört. Dabei ist Kenia in
Bezug auf Kaffee ein Nachzügler und begann erst zu
Beginn des 20. Jahrhunderts mit dem Anbau – man
denke nur an Karen Blixen und *Jenseits von Afrika*.
Der meiste Kaffee wächst zwischen Nairobi und
Mount Kenia auf Höhen zwischen ungefähr 1.300
und 2.100 Metern, obgleich die Gegend selbst nicht
bergig ist. Diese Höhe, der reichhaltige Boden und

Weise Worte

Rick Tingley, Manager für
Produktentwicklung bei
Taylors of Harrogate, UK

>> Die Vorzüge der „new naturals"

Wenn ich in meiner Zeit als Kaffeetester etwas gelernt
habe, dann ist es, dass man nie auslernt. So war es auch,
als in der Spezialitätenkaffee-Szene plötzlich ein
Geschmacksprofil übermäßig angepriesen wurde, das
viele als minderwertig betrachteten und das seither in
der Branche leidenschaftliche Diskussionen provoziert.

Traditionell werden Kaffees entweder nass, trocken
oder halbtrocken aufbereitet. Nun aber haben Kaffeebauern Alternativen zu diesen Methoden entwickelt,
um der Bohne mehr Fruchtgeschmack hinzuzufügen,
jedoch ohne das Risiko der Überfermentierung und
des daraus entstehenden faulen Geschmacks. Diese
Kaffees sind als *new naturals* bekannt.

Blaubeere, Erdbeere, Kaugummi und Brandy – es
gibt zahlreiche Beschreibungen für ihre Geschmacksrichtungen. Dank der innovativen Pioniere, die die
Gesetze der Branche infrage stellen, erwartet die echten Kaffeetrinker auf der ganzen Welt nun eine aufregende Zukunft.

die relativ einfache Bewirtschaftung haben Kenia einen Platz an der Weltspitze eingebracht.

Die Stütze der Industrie ist ein von der Regierung unterhaltenes Auktionssystem, bei dem Käufer weltweit über einen autorisierten Exporteur auf eine ganz bestimmte Menge Kaffee bieten und ihn sogar vorab verkosten können. Wenn eine Ernte allerdings über die begehrte, aufregende Kombination von Fruchtigkeit und weiniger Säure in Verbindung mit einem guten Körper verfügt, wird sich der potenzielle Käufer gegen Bieter aus der ganzen Welt – insbesondere aus Deutschland – durchsetzen müssen. Die Chargen können sowohl aus Kaffees von verschiedenen Kleinbauern bestehen, die ihn gemeinsam verarbeiten, als auch von einer einzigen Farm. Die wichtigsten Grade sind AA, AB und Perlbohne, wobei die AA-Bohnen am größten sind.

Angesichts der Tatsache, dass Äthiopien, das Ursprungsland der Kaffeepflanze, Kenias Nachbar im Norden ist, überrascht es, dass die Plantagen des heute wichtigsten Kaffeeproduzenten Afrikas von französischen Missionaren gegründet wurden. Ende des 19. Jahrhunderts pflanzten sie Bourbon-Sträucher, die von der Insel La Réunion importiert worden waren. In der Nähe von Nairobi setzten sie sie in den Garten der Missionsstation, die damit zum Ursprung der gesamten Kaffeeindustrie Kenias wurde. Obgleich Kaffee aus Kenia großes Prestige genießt, fügten einige Bauern Pflanzen des Jamaica-Blue-Mountain-Kaffees hinzu, um ihrem Kaffee ein weiteres Qualitätsmerkmal zu verleihen. Der daraus entstandene Kaffee hat eine leicht gemilderte Säure, was eigentlich paradox ist, da gerade die Säure die Güte des kenianischen Kaffees ausmacht.

» Kenya AA Igandene Estate

Auch wenn die Kaffeefirmen großes Interesse an kenianischem Kaffee zeigen, ist die staatliche Kontrolle des Handels durch das Coffee Board gleichbedeutend mit einer Kontrolle der Chargen – und der Informationen darüber. Das kann für Händler von Spezialitätenkaffees frustrierend sein, weil der Erfolg ihrer Branche auf Details basiert.

Man weiß jedoch, dass dieser fantastische Kaffee auf Mount Kenia in Höhen von circa 1.600 bis 2.100 Metern gedeiht. Da nicht alle Farmen die Infrastruktur haben, ihren eigenen Kaffee zu verarbeiten, wird er in einer ortsansässigen Kooperative aufbereitet. Er ist reich an dem berühmten Beerengeschmack und hat einen guten Körper. Kenianische Spitzenkaffees wie dieser vertragen eine etwas dunklere, *französische* Röstung, die die Säure leicht abschwächt und dem Körper Fülle gibt.

» Kenya Gethumbwini Estate Peaberry

Eine gute kenianische Perlbohne wie diese ist ein hervorragendes Beispiel für die generellen Vorzüge des Kaffees aus Kenia und für die der Perlbohne selbst. Der Beerengeschmack überrascht durch seine Intensität. Das Gut liegt in 1.650 Metern Höhe auf den Hängen der Aberdare Range nördlich von Nairobi.

Uganda

Da 50 Prozent des nationalen Exporteinkommens aus dem Verkauf von Kaffee stammen, hat sich das Nachbarland Kenias ganz dem Robusta-Anbau verschrieben. Im Dschungel wachsen die Pflanzen dort sogar wild. Es gibt einige gute gewaschene Arabicas im Osten an der Grenze zu Kenia, die momentan in Deutschland und den USA einen Marktanteil als Alternative zu den schweren Java-Kaffees erobern. Die Produktionsstandards des Nachbarn hat Uganda allerdings noch nicht erreicht. Trotzdem lohnt es sich, diese Kaffees weiter im Auge zu behalten.

Grasige Aromen

Malawi produziert einige der besten Tees der Welt, die bei Mischern aufgrund ihrer Würze und Herbheit geschätzt werden. Eine ähnliche Eigenart führt bei Kaffees aus Malawi leider häufig dazu, dass die wunderbare ostafrikanische Säure zu harsch und grasig wird und der Kaffee somit nur als Füllkaffee für minderwertige Arabica-Mischungen dient. Die Kaffees aus Ruanda und Burundi leiden ebenfalls unter dieser Tendenz, auch wenn einige gewaschene Arabicas aus Burundi auf dem Spezialitätenmarkt auftauchen. Kleineren Kooperativen gelingt es mittlerweile, die Verarbeitung ihrer Kaffees zu überwachen und sie zu verkaufen, ohne dass sie mit minderwertigen Bohnen von benachbarten Farmen gemischt werden.

» **Mount Elgon Arabica AA**

Ein einheimischer Kaffeeexporteur bemüht sich, die Kleinbauern auf den Hängen des Mount Elgon zusammenzubringen, um Anbau und Produktion dieses gewaschenen Arabica-Kaffees zu optimieren. Auf dem Markt werden die Kaffees dieser Initiative manchmal als Uganda-Mountain-Kaffee angeboten.

Tansania

Tansania ist mit dem Kilimandscharo gesegnet, der viele Japaner anzieht, da er ihrem geliebten Berg Fuji ähnelt. Und so ist auch der an den Hängen des Kilimandscharo wachsende gewaschene Arabica in Japan sehr gefragt. Seit den 1970er-Jahren kooperiert ein Londoner Spezialitätenröster mit einem dort lebenden Stamm.

Kaffees aus Tansania haben im Allgemeinen eine ähnlich fruchtige Säure wie die aus Kenia, die aber manchmal mit einer leichten schokoladigen Note einhergeht. Das klingt optimal, doch Tansania leidet unter Unbeständigkeit, was alle Phasen des Anbaus, der Verarbeitung und der Vermarktung angeht – anders als Kenia. Die Bauern bekommen weniger Unterstützung, die Kaffeebörse in Arusha ist kleiner und weniger gut organisiert, und die Infrastruktur zu Lande und zu Wasser ist unterfinanziert.

In den USA gibt es eine besondere Vorliebe für die Perlbohne aus Tansania, was für die Produzenten ein zweischneidiges Schwert ist: Auf der einen Seite gibt es einen Markt, der alles kauft, was angeboten wird. Auf der anderen Seite sind die Bauern nicht motiviert,

>> Mahlgrade

Der Schlüssel für das Mahlen zu Hause ist ein konstanter Mahlgrad, jeweils der gewünschten Zubereitungsart angemessen. Brühen Sie zum Beispiel Pulver auf, das zu grob gemahlen ist, kann der Kaffee zu dünn werden und wenig Geschmack haben. Die exakte Einstellung hängt vom jeweiligen Gerät ab, die korrekten Mahlgrade aber lauten in absteigender Reihenfolge wie folgt:

Grob: Ein ausgeprägtes grobes Pulver, das für die Cafetière, French Press oder Pressstempelkanne verwendet wird. Ist das Pulver zu fein, verklebt es das Netz und erschwert das Herunterdrücken des Stempels.

Mittelgrob: Eine grobe, sandige Konsistenz, die für Handfilterkannen oder automatische Filtermaschinen benutzt wird. Ist das Pulver zu fein, verstopft es die Poren des Papierfilters, sodass das Wasser zu langsam hindurchfließt und der Kaffee ein bitteres Aroma annimmt.

Fein: Eine weiche Konsistenz, die für Espressomaschinen verwendet wird.

Sehr fein: Eine pudrige, mehlige Konsistenz, die für die Zubereitung in einem Ibrik nötig ist.

ihre Kaffees zu verbessern, da sie sich ja ohnehin verkaufen. Gute Kaffees aus Tansania haben, wie in Kenia, die Gütegrade AA und AB.

Abgesehen vom Kilimandscharo kann sich Tansania noch des Ngorongoro-Kraters rühmen, einer der berühmtesten und spektakulärsten Naturschauplätze Afrikas. Vielleicht liegt es an der Vermarktung des Ngorongoros, dass Kaffees aus dieser Region auf dem Spezialitätenmarkt Furore machen.

» **Shangri-La Estate, Ngorongoro**
Ein Gut auf den niederen südlichen Hängen des berühmten Kraters, das sehr auf den Umwelt- und Tierschutz achtet und ausschließlich Wasser aus den umliegenden Wäldern verwendet. Der Kaffee ist perfekt ausgeglichen, verfügt über eine deutliche Schokoladennote und eine Süße, die an Cranberry erinnert.

» **Tanzania Kibo Chagga AA**
Ein gewaschener Arabica AA von den südlichen Hängen des Kilimandscharo, wo das Volk der Chagga zu Hause ist. Sein Volumen verdankt er zum Teil einem Hauch Schokolade, kombiniert mit einer feinen weinigen Säure. Er ist in Deutschland und Japan sehr beliebt.

Südliches Afrika

Ostafrikanische Kaffees stellen die aus den anderen Regionen häufig in den Schatten. Doch auch einige Länder aus dem Süden Afrikas wie Sambia und Simbabwe produzieren Kaffee, der Aufmerksamkeit verdient.

Sambia

Manchmal wird in Sambia Kaffee von erstaunlicher Qualität produziert, der dem kenianischen gleichkommt oder ihn sogar übertrifft. Ich habe einmal eine Charge von 150 Säcken gekauft, die einfach himmlisch war und die weinige Fruchtigkeit eines Kenia-AA-Spitzenkaffees hatte. Darüber hinaus war der Kaffee von einer, sagen wir, Öligkeit – ein köstliches zähes Gefühl, das lange auf der Zunge verblieb. Die Schwierigkeit war damals wie heute, einen Kaffee dieser Qualität wiederzufinden. Sambias Problem bei Kaffee ist die mangelnde Beständigkeit.

Die Kaffeeproduktion begann in Sambia in den 1950er-Jahren mit Pflanzgut aus Kenia und Tansania. Im Allgemeinen stammt der beste Kaffee von den großen Plantagen wie Terranova und Kapinga, die Kaffees mit der charakteristischen weinigen Säure der klassischen ostafrikanischen Sorten produzieren.

» **Terranova Estate AA**
Die Größe dieser Plantage erlaubt ein breiteres Angebot dieses Kaffees, verglichen mit den meisten anderen in diesem Buch. Auch wenn Starbucks ihn im

Sortiment hatte, sollte der Snob nicht zögern, ihn zu trinken. Er verbindet einen großartigen Körper mit weiniger Säure und Anklängen von Früchten sowie Nüssen und Schokolade.

Simbabwe

Simbabwe, die ehemalige britische Kolonie Südrhodesien, wurde von Robert Mugabe in einen langen und quälenden Unabhängigkeitskampf gegen die weiße Minderheitsregierung von Ian Smith geführt. Der heftig umstrittene Mugabe ist als Präsident – neben dem Premierminister Morgan Tsvangirai – nach wie vor Staatsoberhaupt des Landes.

In der Vergangenheit führte die Enteignung weißer Farmer dazu, dass die meisten flohen. Trotz der Unruhe produzierten Güter wie Smaldeel und La Lucie in den Bergen der östlichen Provinzen Manicaland und Mashonaland in den letzten Jahren gute gewaschene Arabicas, die wie Kaffees aus Kenia zu den Spitzenprodukten gehören. Die besten wurden als AA bewertet. Aber leider werden diese Kaffees wahrscheinlich im Zuge der sich verschärfenden Krise in der Landwirtschaft noch seltener.

» **Salimba Estate AA**
Eines der wenigen Güter im Osten des Landes, dem es gelungen ist, auf dem Spezialitätenmarkt präsent zu bleiben. Salimba AA ist ausgesprochen ausgewogen, mit einer feinen Säure, mittlerem Körper und fruchtigen Noten.

Seltene Inselkaffees

Einige der weltweit begehrtesten und interessantesten Kaffees stammen von abgelegenen Inseln, auf denen einmalige klimatische Verhältnisse herrschen. In Verbindung mit der Green-Tipped-Bourbon-Arabica-Urpflanze verleiht dies den Kaffees dort einen ganz speziellen Charakter.

La Réunion

800 Kilometer vor Madagaskar liegt die Vulkaninsel La Réunion, die 1646 von den Franzosen zum Überseedépartement erklärt wurde – und das bis heute ist.

Märkte der Zukunft

In Südafrika werden jährlich rund 20.000 Tonnen Kaffee konsumiert, allerdings baut das Land auch selbst ein wenig an: auf circa 200 Hektar in der nördlichen Region von Limpopo. Zurzeit ist dieser Kaffee auf dem internationalen Markt kaum erhältlich, aber wie man am Erfolg der südafrikanischen Weinindustrie sehen kann, sollte man möglicherweise in Zukunft auf südafrikanischen Kaffee achten. Die Regierung hat Kaffee eindeutig als ein Produkt erkannt, das nicht nur Kleinbauern, sondern auch größeren Betrieben beachtliche Einnahmen ermöglicht.

Ihr Vulkan ragt 3.000 Meter über den Indischen Ozean. Bis zur Französischen Revolution hieß die Insel Île Bourbon, und sie gab diesen Namen den Kaffeepflanzen weiter, sowohl der importierten Green-Tipped-Bourbon-Arabica- als auch der einheimischen Bourbon-Pointu-Pflanze. Mittlerweile geht man davon aus, dass es sich bei Letzterer um eine Mutation der Ersten handelt.

Green Tipped Bourbon Arabica wurde 1715 aus Mokka importiert. Es gab auf der Insel zwei einheimische Pflanzenarten, doch keine von beiden verfügte über das angenehme Aroma der Mokka-Sorte. Schon bald produzierte La Réunion bis zu 100.000 Pfund Kaffee im Jahr, der besonders in Pariser Kaffeehäusern sehr beliebt war. Als dann später die Kaffeekolonien in Französisch-Westindien populärer wurden, büßte er an Beliebtheit ein – ihm fehlte die Nähe zu den Hauptabnehmern.

Bourbon Pointu war auf der Insel zwischenzeitlich fast ganz verschwunden, nur einige wilde Büsche blieben übrig. Vor zehn Jahren tat sich dann ein französischer Agronom mit einem japanischen Kaffeeröster und einigen ansässigen Kleinbauern zusammen, um die Sorte wiederzubeleben – er kombinierte dazu neueste Technologie mit strikter Handpflückung. So ist es mittlerweile möglich, die beste Ernte zu kaufen,

komplett mit Erntedatum und GPS-Angaben der Herkunftsregion.

» **Réunion Bourbon Pointu**
Süß, fruchtig und elegant, mit von Natur aus geringen Koffeinwerten, ist der kürzlich wiederentdeckte Kaffee aus La Réunion besonders in Japan äußerst beliebt – wobei ihn mittlerweile auch einige Pariser Cafés anbieten. Aufgrund seiner Seltenheit und seines anspruchsvollen Anbaus gehört Bourbon Pointu zu den teuersten Kaffees der Welt. In Japan kann ein Kilo umgerechnet bis zu 600 Euro kosten. Man kann ihn aber auch direkt von der Insel kaufen.

081

St. Helena

Das britische Überseegebiet im Südatlantik ist eines der isoliertesten bewohnten Gebiete der Erde. Die winzige Insel wurde 1502 von einem portugiesischen Kapitän auf dem Weg zu den *East Indies* entdeckt und später von der Britischen Ostindien-Kompanie kolonialisiert. Dank deren pedantischer Dokumentation und zahlreicher Unterlagen ist es möglich, das genaue Datum zu ermitteln, an dem der Kaffee auf die Insel gebracht wurde. Ein Schiff namens Houghton kam vom Hafen Mokka im Jemen und landete im Jahr 1733 mit Kaffee an Bord in St. Helena – und zwar mit derselben altmodischen Sorte Green Tipped Bourbon, die auch nach La Réunion gebracht wurde. Zwar wurden die Plantagen der Insel in der Folgezeit chronisch vernachlässigt, doch in den 1990er-Jahren setzte man ihre Überreste wieder instand und erzielte einige Erfolge, insbesondere durch ihre Assoziation mit Napoleon, der 1815 auf die Insel verbannt worden war. St. Helena ist nicht besonders hoch, aber das Mikroklima erlaubt beste Wuchsbedingungen.

» St. Helena Coffee

Kaffee von St. Helena zeichnet sich durch feine Bohnen und starke Säure aus, ist ausgeglichen und hat einen guten Körper. Darüber hinaus verströmt er ein duftiges Aroma und einen angenehmen, blumigen und fruchtigen Hauch von Zitrus und Karamell, was deutlich auf seine Herkunft aus dem Jemen hinweist. Die isolierte Lage der Insel sorgt für eine unberührte Natur, in der Produktion werden weder Chemikalien noch Düngemittel eingesetzt – ausschließlich reichhaltiger Guano (Vogelkot) von der Insel.

Der Kaffee wird sehr wegen seiner süßen Nussnote, der Makellosigkeit seiner Anbaubedingungen und der sortenreinen Blue-Tipped-Bourbon-Pflanze geschätzt. Er wird exklusiv von der Sea Island Coffee Company in London vertrieben.

» Asien und Pazifik

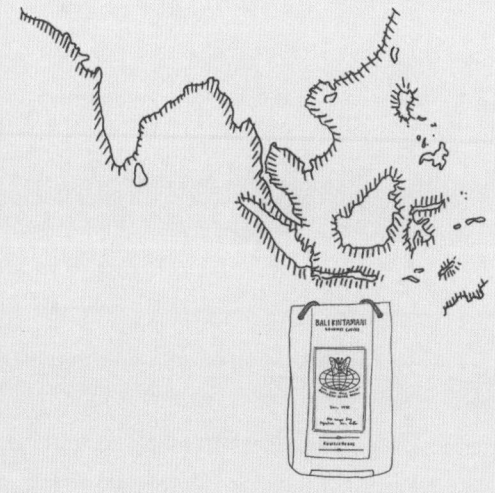

Jemen und Indien

Wie im zweiten Kapitel erwähnt, breitete sich Kaffee ausgehend von Äthiopien schnell aus. Jenseits des Roten Meeres im Südwesten der Arabischen Halbinsel war der Jemen eines der ersten Länder, in denen bereits im 15. Jahrhundert Kaffee angebaut wurde.

Jemen

Der Jemen ist ein wunderschönes Land mit hohen zerklüfteten Bergen, die von achtstöckigen Lehmdörfern gekrönt werden. Und auf den endlosen alten Terrassenfeldern wächst neben anderen Produkten auch Kaffee. Die Kirschen werden auf den Dächern der Häuser in der Sonne getrocknet, bevor sie vor Ort vermahlen werden. Lichtjahre von Begriffen wie industrielle Fertigung oder Plantage entfernt, ist der Anbau hier so organisch und traditionell, wie es nur geht.

Auch wenn die Pflanze ursprünglich aus Äthiopien über das Rote Meer in den Jemen gekommen ist, wurde die Sorte aus Harar hier zum ersten Mal in großem Stil angebaut. Der gesamte Kaffee, der im Osmanischen Reich und in den europäischen Kaffeehäusern getrunken wurde, stammte von den Pflanzen, die hier auf diesen herrlichen Terrassen wachsen. Vom mittlerweile nicht mehr existierenden Hafen Mokka aus, wo die einst aus Lehm gebauten Villen der reichen Kaffeehändler heute langsam im Sand versinken, wurden die Bohnen in die ganze Welt verschifft – Harar spielte als Hafenstadt eine kleinere Rolle. Zu

Beginn des 17. Jahrhunderts kamen erstmals Kauf-
leute aus Europa nach Mokka. Es gelang ihnen, Kaffeebohnen aus dem Land zu schmuggeln und damit
100 Jahre später in den Kolonien ihre eigenen Kaffeeplantagen zu gründen. Zuvor hatte Mokka ein Han-
delsmonopol auf Kaffee inne und florierte. Doch der
Reichtum währte nur bis Mitte des 18. Jahrhunderts,
bis sogar der Hafen zu versanden anfing.

So begann die Kaffeeproduktion im Jemen abzuneh-
men, doch der Kaffee wird immer noch auf traditionelle Weise mit denselben einheimischen Pflanzenarten hergestellt. Dazu gehört Mattari, der unter Kaffeespezialisten als einer der weltweit besten gilt, auch wenn
sich nicht völlig ausschließen lässt, dass er schon mit
anderen Pflanzen gekreuzt worden ist. Andere Arten,
die man probieren sollte, sind Hazari und Ismaili.

Ein traditionelles Getränk Kishr ist ein
würziges Kaffeegetränk aus dem Jemen. Obwohl
es seit über 1.000 Jahren getrunken wird, ist es in
der westlichen Welt weitgehend unbekannt. In
einer Cafetière mit kochendem Wasser zubereitet,
ist Kishr ein außergewöhnlicher, kaffeeartiger Tee,
der in den Souks – den kommerziellen Stadtvier-
teln in arabischen Ländern – in Sanaa, der Hauptstadt des Jemens, gern getrunken wird. Kishr ist
nicht nur eine kulturelle Tradition, ihm wird auch
gesundheitsfördernde Wirkung nachgesagt, da er
Antioxidantien enthält.

Yemen Mocha Mattari

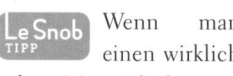 Wenn man einen wirklich echten Mattari findet, ist er der komplexeste, aromatischste Kaffee jemenitischer Herkunft. Er verfügt über eine breite Aroma- und Geschmacksvielfalt: fruchtig und würzig – mit dem subtil-strengen Geschmack eines gut abgehangenen Fasans.

Indien

Es waren die Niederländer, die in Kochi, dem Zentrum ihrer kleinen Kolonie an der Malabarküste, zuerst Kaffee anbauten und ihn so nach Indien brachten. 1685 hatten sie Samen nach Ceylon (das heutige Sri Lanka) geschickt, jedoch ohne den Anbau dort mit großem Enthusiasmus zu verfolgen.

Auf den Bergen um Mysore, bis heute das Zentrum des indischen Kaffeehandels, entstanden Plantagen. Die geringe Säure, die fast alle der im Folgenden beschriebenen asiatischen Kaffees auszeichnet, trat hier zum ersten Mal auf. Unsere ganze Palette an Begriffen wie sauer, scharf, fruchtig oder weinig scheint hier nicht zu greifen. Die besten indischen Kaffees haben einen mittleren Körper, sind seidig weich mit einem Hauch von Zedernholz und den unausweichlichen Gewürzen. Von Säure fehlt allerdings jede Spur.

Monsooned Malabar AA

Le Snob
TIPP Monsooning ist eine Methode, die während der normalen Verarbeitung von Kaffee – und noch darüber hinaus – angewendet wird, um einen bestimmten Geschmack zu erreichen. Sie sollte ursprünglich den Effekt nachahmen, den die lange Schiffsreise nach Europa um das Kap der Guten Hoffnung herum hervorrief. Der grüne Kaffee wird dabei auf Rosten den feuchten Monsun-Winden ausgesetzt. Er quillt ein wenig auf und nimmt eine goldgelbe Farbe an. So legt er an Körper zu und bekommt einen weichen Geschmack mit einem Hauch von Erde und Nüssen.

Der Ursprung des indischen Kaffees

Zahlreiche Geschichten und Mythen ranken sich um den Ursprung des Kaffees. Einer hübschen Sage zufolge gelang es einem muslimischen Eremiten namens Baba Budan, einige Kaffeesetzlinge aus Mokka herauszuschmuggeln, indem er sie sich um den Bauch band. Er pflanzte sie vor seine Höhle, woraus sich die indische Kaffeewirtschaft entwickelte, die weltweit zurzeit auf Platz 6 liegt. Noch heute pilgern Menschen in die Höhle im Chandragiri-Hügel, um dem unerschrockenen Helden zu huldigen. Unnötig zu erwähnen, dass es keinerlei Beweise für die Wahrheit dieser Geschichte gibt.

Indonesien

Der Kaffee, der auf den indonesischen Inseln wächst, wird meistens von Kleinbauern angebaut. Ein Großteil des Kaffees ist Robusta, aber man kann hier auch einige sehr gute Arabicas finden.

Java

Was sie zuvor in Ceylon versucht hatten, gelang den niederländischen Kolonialherren 1699 auf Java: Mit den aus dem Jemen stammenden Samen etablierten sie auf der Insel eine Kaffeeindustrie. Etliche der noch bestehenden Arabica-Plantagen im Osten der Insel gehen auf diese Ära zurück, auch wenn viele andere zu Robusta übergegangen sind.

Aufgrund des Erfolges wurde der Kaffee von Java so berühmt, dass die Amerikaner ihre Lieblingsorte danach benannten und die Ostindischen Inseln – Java, Sumatra und Celebes – in den 1820er-Jahren fast den halben Weltverbrauch an Kaffee produzierten. Das hatte allerdings einen sehr hohen Preis, wie *Max Havelaar oder die Kaffeeversteigerungen der Niederländischen Handelsgesellschaft* später zeigen sollte (siehe S. 18).

Da die Kaffees von Java über einen charakteristischen guten Körper verfügen, sind sie bei Mischern sehr beliebt, um ihre Kaffees aufzupeppen. Doch Javas erreichen nur selten den Grad eines Spezialitätenkaffees und leiden manchmal unter einem groben erdigen Aroma. Sie wachsen hauptsächlich auf

Weise Worte

Matt Horsbrugh, Handelschef
bei Twin Trading, London, UK

» Fairtrade- oder Spezialitätenkaffee?

In den letzten 25 Jahren haben sich Fairtrade- und
Spezialitätenkaffees gleichermaßen entwickelt – als
dynamischste Bereiche der Branche, wenn auch mit
Nischenprodukten. Die Spezialitäten haben dafür ge-
sorgt, dass das Interesse an Kaffee immens gestiegen ist.
Fairtrade zog eilig nach, als in den 1990er- und 2000er-
Jahren die Preise für Massengüter niedrig waren. Während sie Bauern Prämien bieten, um in ihre Farmen
zu investieren, gibt es allerdings keine Qualitätskrite-
rien. Puristen behaupten, diese Prämien seien nichts
weiter als Almosen und böten keinen Anreiz, die Pro-
duktqualität zu verbessern. Nichtsdestotrotz gibt es
zahlreiche Bauern, die die Prämie genau zu diesem
Zweck investiert haben. Von Peru bis Malawi ist spür-
bar, wie Fairtrade sehr schnell qualitative Veränderun-
gen bei den Kooperativen anregt, die nun preisgekrönte
Kaffees produzieren.

Daher sollten Liebhaber innehalten, bevor sie einen
Kaffee ablehnen, nur weil er Fairtrade ist. Die Wahrheit liegt immer in der Tasse!

ungefähr 900 bis 1.800 Metern auf den nahrhaften Böden nahe der Ijen-Vulkane.

» **Old Brown Java**

Dieser Kaffee besitzt einen extrem vollen Körper, was durch die über zwei Jahre – Lieferanten zufolge sogar sieben Jahre – lange Lagerung in Speichern noch verstärkt wird. Er hat eine flüchtige, angenehm erdige Moschus-Note. Versuchen Sie, einen Kaffee zu bekommen, der so alt wie möglich ist.

Sumatra

Nach Java wurde der Anbau auch in den anderen niederländischen Kolonien schnell populär. Der Norden von Sumatra, nahe Aceh, bot ideale Voraussetzungen,

Kleinproduktion

Flores und Timor sind kleine Inseln des indonesischen Archipels, die zurzeit nicht über die Infrastruktur verfügen, um großartige Kaffees zu produzieren. Mit ihrer geringen Säure und einem vollen Körper haben die dortigen Kaffees jedoch Potenzial. Der flügge Staat Osttimor – seit 2002 unabhängig – bekommt häufig Zuspruch von Fairtrade-Sympathisanten. Sein langer Kampf für Unabhängigkeit von Indonesien sorgte dafür, dass die vernachlässigten Kaffeeplantagen de facto biologisch bewirtschaftet werden.

und die ursprünglich dort angepflanzte Sorte Typica wird heute noch angebaut, auch wenn sie sich den lokalen Gegebenheiten angepasst hat. Im Touristengebiet rund um den Tobasee sowie in der Linton-Region gedeihen Kaffees mit ausgeprägt vollem Körper und geringer Säure. Wie auch auf Java kann schlechte Verarbeitung die Qualität der Kaffees von Sumatra mindern; sie führt zu einer inakzeptablen muffig-erdigen Note, die sich schlimmstenfalls nicht einmal in einer Mischung verbergen lässt.

» **Mandheling**

Sumatras klassischer Kaffee ist fast sirupartig, hat einen gigantischen Körper und eine Erdigkeit, die an Tabak erinnert. Sein Name beruht auf einem in die Produktion involvierten Stamm aus dem Nordwesten und sagt nichts über eine spezifische Herkunft aus.

091

Bali

Auf dem Spezialitätenmarkt ist der balinesische Arabica relativ neu. Er wächst auf den Hängen des aktiven Vulkans Gunung Agung mit Blick auf das Meer. Möglicherweise spielt Balis Beliebtheit als Reiseziel dabei eine Rolle, dass er schnell bekannt wurde. Die Insel hat einen guten Ruf dank ihrer hohen Umweltschutzauflagen, was sich in den Produkten widerspiegelt.

Die qualitativ besten Kaffees wurden lange ausschließlich nach Japan exportiert, wo man die kostbaren Bohnen und den besonders vollen Körper sowie die frischen, klaren Zitrus-Noten schätzt. Mittlerweile sind sie leichter zu bekommen, und insbesondere die biologisch angebauten Kaffees sind sehr begehrt.

» Kintamani Subak Abian

 Dem Herkunfts-
ort dieses Kaffees
wurde der Status eines geschützten Anbaugebietes –
etwa wie bei Champagner –
zuerkannt. Subak Abian ist
eine traditionelle hinduis-
tische Anbauphilosophie,
deren oberstes Ziel umwelt-
schonender Anbau ist. Dies
resultiert in einer Öko- und
Rain-Forest-Alliance-Zerti-
fizierung. Die natürliche (trockene) Aufbereitungsmethode sorgt für eine komplexe Vielfalt von fruchtigen Aromen neben einem vollen indonesischen
Körper.

Sulawesi

Sulawesi (früher Celebes) ist eine große, aus vier
Halbinseln bestehende Insel. Der Kaffee hat weniger
Körper als die meisten Kaffees von den anderen Inseln, besitzt aber eine beneidenswerte Seidigkeit und
einige Säure.

» Aged Kalossi

 Kaffeeröster freuen sich über diesen Neu-
zugang, der einerseits über die Vorzüge
eines Spezialitätenkaffees aus der Toraja-Region – von
den Niederländern Kalossi genannt – verfügt, aber
zudem durch Ablagerung das gewisse Etwas erhält:
einen reiferen, volleren Körper und eine Verfeinerung
der typischen seidigen Weichheit seiner Vorläufer.

Weise Worte

Marc Kaeppeli, Präsident der Speciality Coffee Association of Europe, Schweiz

» Eine gute Tasse Kaffee bekommen

Die Speciality Coffee Association of Europe (SCAE) setzt sich dafür ein, in der gesamten Kaffeebranche die Qualität zu verbessern. Dazu gehört nicht nur, die besten Quellen zu erschließen, sondern auch einen hohen Qualitätsstandard bei der Verarbeitung von Kaffee zu sichern: von der Ernte über die Verarbeitung auf der Plantage, Röstung und Verpackung bis hin zur Ausbildung des Barista, der Ihnen den Kaffee zubereitet. Für den Endverbraucher sind all diese Phasen wichtig: Ein hervorragender grüner Kaffee von einem einmaligen Gut läuft immer Gefahr, von einem unbedarften Röster oder ungelernten Barista ruiniert zu werden. Ihren Kaffee sollte nicht irgendwer rösten oder zubereiten – dazu gehören bestimmte Fertigkeiten, denn Sie sollten den besten Service bekommen. Es ist wichtig, dass die Ausbildungen zum Kaffeeröster, Barista und Verkoster standardisiert werden und es international anerkannte Abschlüsse gibt, wie es in Europa bereits der Fall ist.

Neuguinea

Neuguinea ist die zweitgrößte Insel der Erde und mit Sicherheit auch die vielschichtigste: mit über 1.000 Sprachen, einer Vielzahl an Tierarten, die man sonst wohl nur auf einem ganzen Kontinent findet, und einer der ältesten menschlichen Populationen außerhalb Afrikas. Es heißt, sie lasse sich auf 60.000 Jahre v. Chr. zurückdatieren.

Der Großteil des Kaffees stammt aus Papua-Neuguinea, der politisch unabhängigen Osthälfte. Im dortigen Hochland leben viele Kleinbauern, die sich

Das Potenzial kleiner Inseln

Die Zukunft vieler kleiner Inseln liegt in Spezialitätenkaffees. Da dieser Markt stets auf der Suche nach Neuheiten ist, insbesondere nach Kaffees ungewöhnlicher und charakteristischer Herkunft mit umweltfreundlichen Anbaubedingungen, haben kleine Inseln hohes Entwicklungspotenzial. Eine Reihe von ihnen sollte man im Auge behalten: Die Norfolkinsel (siehe S. 58) hat kürzlich mit der Kaffeeproduktion begonnen, und Gerüchten zufolge gibt es bald einen Kaffee von den Fidschi-Inseln. Auf dem Green Mountain auf der Insel Ascension wird bereits Kaffee angepflanzt, der von St. Helena stammt. Auch die Azoren, die Kanaren und die Kapverden produzieren kleine Mengen Kaffee, die zurzeit noch hauptsächlich für den heimischen Konsum bestimmt sind.

chemische Düngemittel nicht leisten können und so häufig schwankende Ernten einfahren.

Auf der anderen Seite gibt es einige wenige größere Güter mit einer modernen Infrastruktur. Sie produzieren die qualitativ hochwertigen gewaschenen Kaffees, die es auf den Spezialitätenmarkt geschafft haben. Zu den bekanntesten gehören Sigri und Arona. Spitzenkaffees aus Neuguinea haben im Gegensatz zu anderen indonesischen Kaffees einen weniger vollen Körper, aber manchmal eine ausgeprägte Säure.

Da in den 1930er-Jahren viele Kaffeepflanzen von den Blue Mountains in Jamaika importiert worden sind, gab es Versuche, aus der berühmten Herkunft Kapital zu schlagen, indem man eine New-Guinea-Blue-Mountain-Marke entwickelte, die angeblich so gut sein soll wie das Original.

Ansonsten sind Kaffees von speziellen Gütern oder Kleinbauern schwer zu finden. Allerdings könnte sich das in der Zukunft ändern, da Investitionen in die Nassaufbereitungsmethode bereits erste Ergebnisse zeigen.

» **Sigri Estate**

Sigri ist eine der größten Plantagen in Papua-Neuguinea. Sie wurde in den 1950er-Jahren im Wahgi Valley gegründet und erstreckt sich über 400 Hektar. Ihr Kaffee hat einen vollen Körper und eine deutliche Säure.

Pazifik

Wandern wir weiter auf den Spuren des Kaffees von Indonesien nach Australien, wo die Produktion sehr eingeschränkt ist, über den Pazifik nach Hawaii, dem einzigen US-Bundesstaat, wo Kaffee kommerziell angebaut wird.

Australien

Obwohl Australien das Potenzial hat, sich in die Spezialitätenproduzenten einzureihen, gilt australischer Kaffee momentan lediglich als Kuriosität. Nur eine Plantage, Skybury im Norden von Queensland, wird annähernd ernst genommen. Ein Problem der Industrie besteht darin, dass der Kaffee am besten von Hand gepflückt wird – allerdings ist in Australien Arbeitskraft ungemein teuer. Kleineren Farmen, die per

Die älteste Bohne

Die älteste geröstete Kaffeebohne, ein verkohltes Fossil, das auf das 13. Jahrhundert datiert wird, wurde kürzlich in der Asche einer Feuerstelle in Kush in Ra's al-Chaima (Vereinigte Arabische Emirate) gefunden. Dies belegt, dass Kaffee mehr als 200 Jahre älter ist, als die bislang ältesten Funde nahelegten.

Hand ernten, fehlen die Marketing-Ressourcen, um sich weltweit zu etablieren. Auf der anderen Seite beeinträchtigt maschinelles Ernten die Qualität. Der australische Kaffee hat, wie bei den indonesischen Nachbarn, im Allgemeinen angenehm wenig Säure. Er ist allerdings nicht außergewöhnlich genug, um die Kosten zu rechtfertigen, die ein wirtschaftlich sinnvoller Anbau erfordern würde.

» **Skybury Estate Peaberry**
Den Besitzern von Skybury ist es dank ihres Geschäftssinns und beachtlichen Marketing-Budgets gelungen, mit ihrem Kaffee viel Aufmerksamkeit zu erlangen, auch wenn sein Geschmack den Hype nicht rechtfertigt. Die Perlbohne mit ihrer leichten Säure und einer süßen Milde scheint – wie so oft – besser als der Durchschnitt zu sein.

Hawaii

Im Prinzip wächst auf den Plantagen Hawaiis, wo die Pflanze in den 1820er-Jahren eingeführt wurde, nur in einem kleinen Gebiet erwähnenswerter Kaffee. Kaufen Touristen Kaffee auf Hawaii, greifen sie schnell zur erstbesten Packung und sind dann enttäuscht, wenn sie ihn zu Hause probieren: kaum zur Quelle zurückzuverfolgen,

schlecht geröstet und ohne Schutz gegen Sauerstoff verpackt – Touristenkaffee sollte man auf jeden Fall meiden.

» Kona Kai

Im Pantheon des Kaffees galt Kona, der aus dem Südwesten der Hauptinsel stammt, einst als zweitbester Kaffee nach dem Jamaica Blue Mountain. Jedoch litt sein Ruf infolge eines Skandals: Kaffees aus Mittelamerika waren einfach umgepackt und unter der Marke Kona verkauft worden. Zwar versuchten die Behörden verzweifelt, ihn zu rehabilitieren, doch diese Versuche fielen zeitlich mit einem sprunghaft steigenden Interesse an anderen seltenen Kaffees aus der ganzen Welt zusammen. Mittlerweile hat Kona seine einmalige Stellung eingebüßt und ist nur mehr einer von vielen. Dass Kaffee aus Mittelamerika zum Panschen genutzt wurde, sagt einiges über Geschmack und Aroma des echten Konas aus: Er verfügt über eine deutliche Säure, blumiges Aroma und einen mittleren Körper. Diese ausgeprägte Säure ist für einen auf niedrigen Lagen – zwischen 300 und 800 Metern – wachsenden Kaffee ungewöhnlich und den leichten Regenfällen geschuldet, die fast jeden Nachmittag die Bäume benetzen.

» Besitzen

Kaffee kaufen

Da die Kaffeewelt immer neue Moden hervorbringt – die sogenannte *third wave* ist mittlerweile ein alter Hut, die *fourth wave* ist aktuell –, wird es immer schwieriger, auf dem Laufenden zu bleiben. Wenn Sie Kaffee im spezialisierten Einzelhandel kaufen, ist es immer am besten, sich von einem Verkäufer, oder noch besser, vom Besitzer beraten zu lassen – mit den Tipps dieses Buches zum Thema Frische stets im Hinterkopf. Mit diesem Wissen ausgerüstet können Sie schnell beurteilen, ob der Verkäufer weiß, wovon er spricht, und ob er mit offenen Karten spielt. Ein sympathischer Einzelhändler, der sich auskennt, ist das Beste, was man sich als Snob nur wünschen kann.

Was die Neuheiten angeht, verbreiten sich aktuell besonders holzgeröstete Kaffees; das heißt, die Hitzequelle des Rösters ist ein Holzfeuer. Diese Methode verleiht den Bohnen eine ungewöhnliche, aber nicht unangenehme Süße. Es versteht sich von selbst, dass die Art des verwendeten Holzes dabei eine Rolle spielt, womit sich ganz neue Horizonte eröffnen.

Qualität statt Quantität

Im Allgemeinen können die Produkte der großen Kaffeemarken, die in Supermärkten und im Großhandel verkauft werden, durchaus von guter Qualität sein. Jedoch sind das normalerweise keine *single origins*, also Kaffees mit nur einem Herkunftsort, für die sich die Konsumenten und der Spezialitätenmarkt am meisten interessieren.

Die Mengen an Kaffee, die der Großhandel braucht, können selten von einem einzelnen Gut hergestellt werden. Darüber hinaus ist in diesem Fall die Produktion komplizierter, da der Geschmack dieser riesigen Mengen Kaffee über Jahre konstant bleiben muss. Dementsprechend verkaufen diese Marken häufig Mischungen. Und selbst wenn ein derartiger Kaffee mit dem Herkunftsnachweis *Costa Rica* ausgezeichnet ist, besteht er trotzdem aus verschiedenen Kaffees dieser Region. Normalerweise werden diese Mischungen unter geschützten Markennamen verkauft und aktiv beworben.

Die Stärke dieser Kaffees beruht auf ihrer zuverlässigen Qualität und der guten Lieferbarkeit. Möchte man aber einen sehr guten Spezialitätenkaffee kaufen, muss man sich auf den spezialisierten Einzelhandel verlassen. Das sind häufig eher regionale als globale Unternehmen, was wiederum am eingeschränkten Angebot der Single-Origin-Kaffees liegt. Allerdings betreiben sie oft Webseiten und verkaufen ihren Kaffee online. – Espresso stellt in dieser Hinsicht natürlich die Ausnahme dar, weil es ihn naturgemäß nur als Mischung gibt.

AUSTRALIEN

5 Senses Coffee
Unit 5, 3 Arkwright Road, Rockingham
+61 8 9528 6200, www.fivesenses.com.au

Auction Rooms Café
103–107 Errol Street, North Melbourne
+61 3 9326 7749, www.auctionroomscafe.com.au

Bay Coffee
Grosvenor Lane, Neutral Bay
+61 2 9953 6215, www.baycoffee.com.au

Jasper Coffee
Unit 3, Rear of 260 Hoddle Street, Collingwood, Victoria
+61 1300 527737, www.jaspercoffee.com

Single Origin Roasters
5/80 O'Riordan Street, Alexandria
+61 2 9693 2232, www.singleorigin.com.au

BRASILIEN

Confeitaria Colombo
Rua Gonçalves Dias 32, Centro, Rio de Janeiro
+55 21 2505 1500, www.confeitariacolombo.com.br

CHINA

Café Dan
Tianzifang, Lane 248, Taikang Lu, nahe Sinan Lu, Xuhui
District, Shanghai
+86 21 6466 1042, www.idancoffee.com

DTS8 Coffee (Shanghai) Co. Ltd.
Building B, #439, Jinyuan Ba Lu, Jiangqiao Town,
Jiading District, Shanghai
+86 150 2133 7898, http://dts8coffee.com

Graffeo Coffee Roasting Company Hong Kong Ltd.
10/F Chung Hing Commercial Building, 62–63,
Connaught Road Central, Hong Kong
+852 2180 8838, www.graffeocoffee.com

DEUTSCHLAND

Berliner Kaffeerösterei
Uhlandstraße 173/174, Berlin
+49 30 8867 7920, www.berliner-kaffeeroesterei.de

Bortfeld Kaffee
Ricklinger Stadtweg 24, Hannover
+49 511 898 1662, www.bortfeld-kaffee.de

Coffee Star Origins & Blends
Wörther Straße 23, Berlin
+49 30 4737 8502, www.coffeestar.net

Dallmayr
Alois Dallmayr KG, Dienerstraße 14–15, München
+49 89 2135 0, www.dallmayr.de

Kaffeerösterei Alber
Lindenstraße 31, Leipzig
+49 341 200 8022, www.alcaffe.de

Kaffeerösterei Burg
Eppendorfer Weg 252, Hamburg
+49 40 4221 172, www.kaffeeroestereiburg.de

Quijote Kaffee
Marckmannstraße 30, Hamburg
+49 40 3807 3230, www.quijote-kaffee.de

Rösterei Wissmüller
Leipziger Straße 39, Frankfurt am Main
+49 69 77 18 81

FRANKREICH

A chacun sa tasse
2 Rue du Griffon, Lyon
+33 4 72 87 06 45, www.achacunsatasse.com

Café Lomi
9 Rue de Saussure, Paris
+33 9 51 27 46 31, www.cafelomi.com

Café Négril
53 Avenue de la Plaine, Balma
+33 5 61 24 14 18, www.cafenegril.fr

GROSSBRITANNIEN

Algerian Coffee Stores
52 Old Compton Street, London, England
+44 20 7437 2480, www.algcoffee.co.uk

Andronicas Coffee
91–93 Great Eastern Street, London, England
+44 20 7729 4411, www.andronicasworldofcoffee.com

The Bean Shop
67 George Street, Perth, Schottland
+44 1738 4499 55, www.thebeanshop.com

Bettys Craft Bakery
Hookstone Chase, Harrogate, North Yorkshire, England
+44 1423 8140 08, www.bettys.co.uk

Bolling Coffee Ltd.
The Roastery, Bent Ley Industrial Estate, Holmfirth,
West Yorkshire, England
+44 1484 8526 01, www.bolling-coffee.co.uk

Monmouth coffee
36 Maltby Street, Bermondsey, London, England
+44 20 7232 3010, www.monmouthcoffee.co.uk

Pumphrey's Coffee Ltd.
Bridge Street, Blaydon, Tyne and Wear, England
+44 191 4144 510, www.pumphreys-coffee.co.uk

Sea Island Coffee Ltd.
111a Walton Street, London, England
+44 20 7584 7545, www.seaislandcoffee.com

Taylors of Harrogate
Pagoda House, Plumpton Park, Harrogate,
North Yorkshire, England
+44 14 2381 4000, www.taylorsofharrogate.co.uk

Union Hand Roasted Coffee
7a South Crescent, London, England
+44 20 7474 8990, www.unionroasted.com

ITALIEN

illy Caffe
Via Flavia 110, Triest
+39 01 877 469 4559, www.illy.com

Lavazza
Corso Novara 59, Turin
+39 011 240 8400, www.lavazza.com

KANADA

Cooperative Coffees, Inc.
5425 Rue de Bordeaux, bureau 500, Montreal
+1 514 907 9853, www.coopcoffees.com

NIEDERLANDE

Trabocca B. V.
Prins Hendrikkade 14, Amsterdam
+31 20 407 4433, www.trabocca.com

ÖSTERREICH

kaffeefabrik
Favoritenstr. 4–6, Wien
www.kaffeefabrik.at

PUERTO RICO

Yauco Selecto
Café Rico, Caguas
+1 787 745 7426, http://yscoffee.com

SCHWEDEN

Johan & Nyström
Swedenborgsgatan 7, Stockholm
+46 8 530 22 440, www.johanochnystrom.se

SPANIEN

Costa Rica Coffee Shop
Barcelona
www.costaricacoffeeshop.eu

SÜDAFRIKA

The Coffee Roasting Co.
Lourensford Estate, Somerset West
+27 87 802 2047, www.coffeecompany.co.za

TÜRKEI

Toper
5911 Sok. No. 1, Karabaglar, İzmir
+90 232 254 01 21, www.toper.com

USA

Alaska Coffee Roasting Co.
4001 Geist Road Suite 2, Fairbanks
+1 907 457 5282, www.alaskacoffeeroasting.com

Batdorf & Bronson Coffee Roasters
200 Market Street NE, Olympia
+1 800 955 5282, www.batdorfcoffee.com

George Howell Coffee Company
312 School Street, Acton
+1 866 444 5282, www.terroircoffee.com

Java Vino
579 N Highland Avenue, Atlanta
+1 404 577 8673, www.javavino.com

Kéan Coffee
2043 Westcliff Drive, Suite 100, Newport Beach
+1 949 642 5326, www.keancoffee.com

Klatch
1848 W. llth Street Suite A, Upland
+1 877 455 2824, www.klatchroasting.com

J. Martinez & Company
3934–3936 Green Industrial Way, Atlanta
+1 800 642 5282, www.martinezfinecoffees.com

Metropolis Coffee Company
1039 W. Granville Avenue, Chicago
+1 773 764 0400, www.metropoliscoffee.com

Paradise Coffee Roasters
6250 Bunker Lake Boulevard, Suite 211, Ramsey
+1 763 433 0626, www.paradiseroasters.com

Peet Coffee and Tea
1400 Park Avenue, Emeryville
+1 800 999 2132, www.peets.com

Kaffeebestandteile

In gerösteten Kaffeebohnen wurden über 800 verschiedene chemische Inhaltsstoffe identifiziert – mit spektakulären Namen wie Furfural, Oxazol oder Trimethylamin. Letzteres ist auch in fauligem Fisch zu finden. Wie Parfum bedient sich Kaffee der extravagantesten Zutaten, um seine Wunder zu wirken.

PT's Coffe Roasting Co.
Flying Monkey – Handcrafted Coffee,
1635 SW Washburn Avenue, Suite A, Topeka
+1 785 408 5675, www.ptscoffee.com

Sweet Maria's Coffee
1115 21st Street, Oakland
+1 510 628 0919, www.sweetmarias.com

Temple Coffee
2600 Fair Oaks Boulevard, ste 101, Sacramento
+1 916 974 7404, www.templecoffee.com

The Coffee Project
7095 Hollywood Boulevard 714, Hollywood
+1 323 436 2800, http://coffeeproject.com

Waterfront Roasters
160 Purdy Avenue, Port Chester
+1 914 934 5933, www.waterfrontroasters.com

Kaffeebohnen lagern

Kaffee hat in Form seiner Bohnen bereits eine natürliche Verpackung, daher gilt es generell als schicker, Bohnen zu kaufen und selbst zu mahlen. Man sollte allerdings bedenken, dass der Kaffee aus einer schalen Kaffeebohne schlechter schmeckt, als wenn man gemahlenen, richtig verpackten Kaffee verwendet. Deshalb ist es wichtig zu wissen, wie lange Kaffee haltbar ist – und wie er so lange wie möglich seine Frische behält.

Warum die Lagerung so wichtig ist

Während des Röstvorgangs entstehen in der Bohne flüchtige Öle, die den Geschmack und den Duft des Kaffees prägen, auch wenn sie nur einen geringen Teil des fertigen Produkts, nämlich weniger als drei Prozent des Gewichtes, ausmachen. Die restlichen 97 Prozent bestehen aus geschmacks- und geruchsneutralen Pflanzenbestandteilen. Diese wertvollen Öle reagieren extrem empfindlich auf Oxidierung und Alterung, und sobald die Bohne schal wird, bekommt sie einen widerlich süßlichen, ranzigen Geschmack.

Kaffee ist in den ersten Tagen nach dem Rösten am frischesten, beginnt dann aber schnell, diese Frische zu verlieren. Durch richtige Lagerung kann man sie verlängern, jedoch nur für eine bestimmte Zeitspanne: Bei gemahlenem Kaffee sind das ein bis zwei

Weise Worte

Jeremy Torz, Mitgründer von
Union Hand Roasted Coffee,
London, UK

» Direkt vom Händler kaufen

Als Edelröster möchte ich nur die besten Kaffees kaufen und über die Produktionsbedingungen so genau wie möglich Bescheid wissen.

Doch es geht nicht nur darum, die genaue Herkunft eines Kaffees zu kennen: Wir wollen nachvollziehen, welchen besonderen Herausforderungen sich die einzelnen Produzenten stellen müssen. Wir verstehen uns als engagierter Partner und begrüßen es, wenn sich die Hersteller weiterentwickeln, um immer bessere Qualität zu stabilen Preisen liefern zu können. Daher arbeiten wir eng mit ihnen zusammen, entwickeln gemeinsam Verkostungs-Schulungen, bieten Laboreinrichtungen an und helfen auch sonst, wo wir können.

Es ist großartig, mit der Zeit zu sehen, wie unsere Arbeit die Qualität positiv beeinflusst. Wer von Direktimporteuren kauft, kann darauf vertrauen, dass diese stets nach bester Qualität streben und außerdem die Qualitätssicherung in Gebieten anregen, die ehemals dazu verdammt waren, hohe Mengen zu möglichst geringen Kosten zu produzieren.

Wochen nach dem Rösten, bei ganzen Bohnen ungefähr ein Monat. Um also sicherzugehen, dass sich Ihr
Kaffee einige Wochen hält und nicht im Müll landet,
sollten Sie am besten kleine Mengen frisch gerösteten
Kaffees kaufen.

Lagerung

Kaffee muss vor Luft, Feuchtigkeit, Hitze und Licht
geschützt werden. Daher eignen sich kühle, dunkle
und trockene Orte wie Schränke oder Speisekammern
am besten zum Lagern, immer in einem luftdichten
Gefäß. Wenn Sie Ihre frisch gerösteten Kaffeebohnen
in einem dichten Glas im Kühlschrank aufbewahren,
verlangsamt das zwar den Alterungsprozess, hält ihn
aber nicht gänzlich auf. Außerdem ist es dort feucht
und der Kaffee kann den Geschmack anderer Lebensmittel annehmen – beides ist nicht ideal.

Schaden durch den Einzelhandel

Wenn Sie den Kaffee von einem spezialisierten Einzelhändler kaufen, ist es wahrscheinlich, dass er dort
schon einige Zeit an einem warmen Ort an der Luft
gelagert wurde – und auch in einem versiegelten
Gefäß wird der schlimmste Feind des Kaffees, der
Sauerstoff, gemeinsam mit den so wichtigen Ölen ein-
geschlossen. Selbst wenn Sie also darauf achten, die
Bohnen zu Hause angemessen zu lagern, können sie
bereits im Geschäft Schaden genommen haben.

Kaffeezubehör

Zum Rösten, Mahlen und Brühen gehören einige komplizierte Vorgänge, die wiederum eine Vielzahl von Geräten erfordern.

Röster

Sie haben ja bereits erfahren, wie man Kaffee in einer gusseisernen Pfanne röstet. Auch wenn das Ergebnis zu wünschen übrig lässt, ist das die beste Methode, um mit eigenen Augen zu sehen, wie sich eine nichtssagende grüne Bohne in die märchenhafte Röstbohne verwandelt. Sie können auch eine Popcorn-Maschine verwenden, denn sie verfügt über eine praktische Schaufel, die die Bohnen in Bewegung hält.

Früher war die einzige Alternative zu einer professionellen Röstmaschine etwas, das gefährlich nach einem zweckentfremdeten Fön aussah. Doch mittlerweile sind einige praktische Röstmaschinen für den Hausgebrauch erhältlich, etwa von Nesco und Gene Café. Sie sollten darauf achten, dass das Gerät eine angemessene Lösung für die entzündliche Spreu anbietet – und dass es in der Nähe einen Abzug gibt. Das Rösten ist zwar eine himmlisch duftende, aber auch sehr qualmige Angelegenheit.

Mühlen

Wenn Sie Ihren Kaffee zu Hause mahlen möchten, lohnt sich die Investition in eine hochwertige Mühle, die den professionellen Geräten nachempfunden ist.

» Die Espressomethode

Espresso ist eine spezielle Maschine, kein spezieller Kaffee. Diese Methode wurde Anfang des 20. Jahrhunderts in Italien erfunden, um trotz bitterer Armut aus den minderwertigen ungewaschenen Arabicas aus Brasilien und Äthiopien und den noch billigeren Robusta-Bohnen das Beste herauszuholen.

In der Maschine wird Wasser unter Druck durch den Kaffee gepresst, genauer gesagt: bei 92 bis 94 Grad Celsius, damit der Kaffee nicht durch kochendes Wasser verbrüht wird. Die sogenannte Crema bildet eine Haube auf dem Kaffee, die verhindert, dass der Geschmack verfliegt. Und die stärkere Extraktion der Öle verringert die Oberflächenspannung, wodurch der Geschmack deutlicher zur Geltung kommt.

Espressokaffee besteht fast immer aus einer Mischung, da die Maschine die feineren Nuancen von Single Origins mindert. Selbst der feinste Kenia-AA-Kaffee mit seiner gelobten fruchtigen Säure wird sich in der Espressomaschine zu einer dünnen Brühe mit unangenehmer Schärfe wandeln. Nichtsdestotrotz kann eine gute Tasse Espresso ein absoluter Hochgenuss sein.

Dies ist insbesondere dann wichtig, wenn Sie Espresso lieben, denn dafür ist ein gleichmäßig feines Pulver nötig, um maximalen Geschmack zu erhalten.

Für Zuhause eignen sich am besten kleinere Versionen der sogenannten Scheibenmühle, die allerdings kostspielig sind. Scheibenmühlen nutzen zwei grobe Metalloberflächen, die den Kaffee zu gleichmäßigem Mehl zermahlen. Im Gegensatz zu anderen Methoden fügen sie den Bohnen weniger Schaden zu. Empfehlenswert sind die Mühlen von Dualit, KitchenAid und Cuisinart.

Mühlen mit einem Schlagmesser sind deutlich günstiger. Zwei schnell rotierende Messer hacken die Bohnen klein – was auch mit herkömmlichen Küchenmixern funktioniert. Bei dieser Methode ist es allerdings sehr schwer, den richtigen Mahlgrad zu erreichen. Denn das muss nicht nur in Sekundenschnelle geschehen, die Größe der Körner variiert obendrein stark. Außerdem kann nur eine kleine Menge an Bohnen gemahlen werden: Ist die Maschine zu voll, verstopft sie, was zu einer Überhitzung führt, die die Öle beschädigt. Bei diesen Schlag- beziehungsweise Propellermühlen ist es entscheidend, sie stets von Kaffeeresten zu säubern, damit der nächste Kaffee nicht durch schale Bohnen verdorben wird.

Zubereitung

Das weitere Equipment hängt von der Zubereitungsmethode ab. Im Folgenden lernen Sie die beliebtesten
Methoden und Maschinen zum Kaffeekochen kennen.

Kanne

Die einfachste Methode besteht darin, ein wenig grob
gemahlenen Kaffee in eine Kanne zu füllen und mit
heißem, aber nicht mehr kochendem Wasser aufzu-
gießen: Umrühren, fünf Minuten warten, fertig. Ein
Sieb verhindert, dass der Satz in die Tasse gelangt. Be-
stechend einfach, aber ein wenig schmutzig.

Cafetière

Die Cafetière, French Press oder Pressstempelkanne
ist zweifellos das beste Gerät, um hochwertigen Single-
Origin-Kaffee zu genießen. Gießen Sie den Kaffee mit
gerade nicht mehr kochendem Wasser auf und lassen
Sie ihn fünf Minuten ruhen. Drücken Sie den Stem-
pel hinunter, der bis auf das feinste Mehl alles heraus-
filtert. Bei dieser Methode verbleiben feine
Körnchen im Kaffee. So wird maximaler
Geschmack aus dem Kaffee extrahiert,
während der verbleibende Satz zu
einem guten Mundgefühl beiträgt.

Ibrik

Im Prinzip funktioniert die Zubereitung türkischen oder griechischen
Kaffees im Ibrik nicht anders als die in
der Kanne, nur werden die Bohnen
hier pulverfein gemahlen, was dem

Kaffee zusätzlichen Körper verleiht. Den Ibrik zu benutzen ist eine wahre Kunst: Kaltes Wasser muss mit dem Kaffeemehl – und, wenn Sie möchten, auch Zucker – vermischt und dreimal aufgekocht werden, bevor der Kaffee serviert wird.

Espressomaschinen für den Hausgebrauch

Espresso ist ein Kaffeekonzentrat, bei dem eine kleine Menge fast kochendes Wasser mit Druck (8 bis 10 Bar) durch fein gemahlenen Kaffee hindurchgepresst wird. Meistens ist seine Konsistenz dicker als bei auf andere Weise aufgebrühtem Kaffee, und sein Geschmack ist sehr konzentriert. Auch wenn es oft kräftig blubbert und pfeift, kocht das Wasser in der Maschine nicht – was einer ihrer Vorteile ist. Die Baby Gaggia kommt den professionellen Modellen sehr nahe.

Mokka-Kanne/Espresso-Kanne

Die meist aus Aluminium bestehenden Kocher sind die Espressomaschinen des kleinen Mannes. Sie funktionieren allerdings mit Dampfdruck, was bedeutet, dass das Wasser auf mindestens 100 Grad Celsius erwärmt werden muss und so die empfindlichen Öle verbrennen.

Handfilter

Mittels eines einfachen Akryltrichters mit Filterpapier, der auf eine Kanne gestellt wird, produziert diese Methode einen vernünftigen, klaren Kaffee ohne Satz. Unter der kurzen Extraktionszeit leidet allerdings der Geschmack, der weniger rund ist als zum Beispiel bei der Cafetière-Methode. Achten Sie darauf, kein kochendes Wasser zu verwenden.

Filterkaffeemaschine

Bei dieser automatischen Version des Handfilters stellt die Heizplatte ein echtes Problem dar. Wenn Kaffee auf diese Weise warm gehalten wird, verliert er sehr schnell seinen Geschmack. Er wird dünn, bitter und metallisch. Kaffee sollte immer frisch gebrüht getrunken und niemals wieder aufgewärmt werden. Auch nicht in der Mikrowelle.

Perkolator

Der Perkolator war früher die gängige Zubereitungsmethode in Nordamerika. Heutzutage gibt es ihn kaum noch. Da er bereits gebrühten Kaffee immer wieder mit dem Satz aufkocht, ist er meistens grauenhaft überextrahiert, das heißt ohne Geschmack, verbrannt und bitter.

Cocktails mit Kaffee

Kaffee lässt sich hervorragend mit Alkohol kombinieren. Dabei ist Wodka aufgrund seiner Geschmacksneutralität ein idealer Begleiter. Andere klassische Zutaten sind Rum und Whisky, doch eigentlich passen alle Arten von Destillaten zu Kaffee, sofern sie nicht auf Trauben basieren. Liköre wie Cointreau oder Grand Marnier funktionieren ebenfalls – aber mit Vorsicht. Einzig Gin ist nicht geeignet, da seine pflanzlichen Geschmacksnuancen sich nicht mit denen des Kaffees vertragen.

Generell sollte mindestens so viel Kaffee wie Alkohol für einen Cocktail verwendet werden, manchmal bis zur dreifachen Menge. Es ist fast immer notwendig, außerdem Zucker oder Sirup hinzuzufügen.

Irish Coffee

25 ml Irish Whiskey

1 Tasse heißer, starker, schwarzer Kaffee

2 Würfel brauner Zucker

leicht geschlagene Sahne

Der Irish Coffee ist ein Dauerbrenner in der Welt der Cocktails. Wärmen Sie das Glas oder den Becher mit kochendem Wasser an. Füllen Sie dann das Glas zu drei Vierteln mit dem heißen Kaffee, fügen den Zucker hinzu, rühren Sie um und füllen Sie es anschließend nach Geschmack mit irischem Whiskey auf. Zum Schluss wird die Sahne über einen Löffel ins Glas gegossen.

Havana Club Coffee Cocktail

25 ml Havana-Club-Rum

weiße Crème de Cacao nach Geschmack

1 frisch gebrühter doppelter Espresso

2 Würfelzucker

Sahne mit hohem Fettgehalt

Mischen Sie den Rum mit einem Spritzer Crème de Cacao und fügen Sie anschließend den Espresso (möglichst kubanischen) und den Zucker hinzu. Rühren Sie das Ganze um und gießen Sie die Sahne vorsichtig über einen Löffel ins Glas.

Grey Goose Iced Coffee

25 ml Grey-Goose-Wodka

1 Tasse starker, heißer Kaffee

2 Würfelzucker

Eis

leicht geschlagene Sahne

Mischen Sie Kaffee, Zucker, Grey-Goose-Wodka und Eis in einem Shaker. Gießen Sie anschließend die Sahne über einen Löffel ins Glas.

Espresso Martini

50 ml Wodka

25 ml Kahlúa

10 ml weiße Crème de Cacao

30 ml kalter Espresso

Füllen Sie Wodka, Kahlúa, Crème de Cacao, Espresso

und Eis in den Shaker. Gut schütteln und in ein ge-
kühltes Glas abseihen.

The Brazilian

1 Vanilleschote

60 ml Sahne mit hohem Fettgehalt

1 Tasse frisch gebrühter brasilianischer
gewaschener Kaffee

Schokoladenlikör nach Geschmack

25 ml Sagatiba Cachaça

2 Würfelzucker

Hier wird Cachaça, die Hauptzutat von Caipirinha,
mit brasilianischem Kaffee kombiniert. Schaben Sie
die Vanille aus der Schote in einen Cocktail-Shaker,
fügen Sahne hinzu und schütteln beides gründlich.
Bereiten Sie den Kaffee in einer Cafetière zu. Geben
Sie einen Spritzer Schokoladenlikör und Cachaça in
ein Glas, gießen den heißen Kaffee dazu und geben
den Zucker hinein. Gießen Sie die Vanillesahne vorsichtig hinzu.

Sambuca mit Kaffeebohnen

25 ml Sambuca

3 dunkel geröstete Kaffeebohnen

Geben Sie den Sambuca in ein Glas
und fügen Sie die Bohnen hinzu – sie
symbolisieren traditionell Gesundheit,
Glück und Reichtum. Anzünden und
einige Sekunden lang brennen lassen,
was dem Getränk einen angenehm an-
gebrannten Geschmack verleiht. Ein
italienischer Klassiker.

Speisen mit Kaffee

Obst, Schokolade, Gebäck oder Käse – es gibt viele Nahrungsmittel, die sich perfekt mit einer guten Tasse Kaffee kombinieren lassen.

Obst

Obst und Kaffee gehören von Natur aus zusammen, solange man nicht die Säure von beiden kollidieren lässt. Kolumbianischer Kaffee hat häufig eine unpassende Säure, der die fruchtigeren Noten des Kaffees aus der benachbarten Karibik fehlen. Man sollte sich in diesem Fall also für Letzteren entscheiden.

Heidelbeeren sind heikel, was mögliche Partner angeht. Am besten passen sie zu Kaffee aus Jamaika und dem Jemen. Andere Beeren harmonieren gut mit dem fruchtigen Geschmack von kenianischem Kaffee. Weiche Beerenfrüchte wie Brom- und Himbeeren schmecken gut mit hochwertigen tansanischen Kaffees mit ihrem schokoladigen Geschmack. Steinobst, wie Kirschen, Aprikosen, Pflaumen und Pfirsiche, passt hingegen gut zu stärker gerösteten Bohnen aus Brasilien oder Costa Rica, insbesondere auf Kuchen oder Torten.

Kaffee und Schokolade

Schokolade und Kaffee sind traditionelle Weggefährten: Ein Cappuccino wäre nichts ohne das Kakaopulver auf der Milchhaube. Ebenso beliebt ist die Mischung aus Kaffee und heißer Schokolade mit Sahnehaube. Dunkle Schokolade mit einem hohen Prozentsatz an Kakaobutter ist ein idealer Begleiter zu Espresso, daher werden sie häufig zusammen serviert.

Brownies mit dunkler Schokolade, Kuchen und Mousse passen gut zu vollen Kaffees aus Indonesien mit geringer Säure oder zu den säurehaltigeren, aber milden Bohnen aus Guatemala. Mit Schokolade überzogene Früchte harmonieren gut mit den Fruchtnoten des gewaschenen Kaffees aus Äthiopien, zum Beispiel Sidamo, oder kenianischem Kaffee.

Backwaren

Die französische *tartine*, ein Stück dünnes Baguette mit Butter, wird gerne in einen Café au Lait getaucht, und man kann sich ein Croissant kaum ohne eine Tasse Kaffee vorstellen. Die Italiener bevorzugen *biscotti* und haben es geschafft, sie nach Nordamerika zu exportieren, wo sie die Vormachtstellung der schweren, sehr süßen Donuts bedrohen. Zitronentörtchen und Käsekuchen harmonieren sehr gut mit dem zitronigen Geschmack einiger mexikanischer Kaffees.

Herzhaftes

Kaffee passt auch zu einem herzhaften Frühstück. Für Eier mit Schinken ist ein Kaffee aus Costa Rica empfehlenswert, Omelettes passen zu schweren indonesischen Kaffees.

Auch Käse ist zum Frühstück beliebt. Die nussige Note vieler Kaffees aus Mittelamerika ergänzt hervorragend den pikanten Gruyère oder Emmentaler, während weiche, scharfe Käse sehr gut zu abgelagerten Kaffees aus Indonesien passen. Zu italienischem Ricotta oder Cheddar trinkt man am besten Espresso.

» Die besten Bohnen für Espresso

123

Prinzipiell sind Single-Origin-Kaffees für die Espresso-
methode nicht am besten geeignet. Espresso zeichnet
sich, wie das Wort schon sagt, durch die schnelle Zubereitung und kleine Mengen aus. Das Kaffeemehl
muss fein bis sehr fein sein. Heißes Wasser wird durch
das Mahlgut gepresst und wäscht die fruchtigen,
säurehaltigen Geschmacksnoten aus. Daher eignen
sich typischerweise fruchtige Kaffees aus Kenia, Costa
Rica, Guatemala etc. nicht für die Espressozubereitung. Jedoch können Single-Origin-Kaffees aus Brasilien und Indien sowie viele Robustas hervorragende
Ergebnisse in der Tasse erzielen. Laut Erkenntnissen
der SCAE werden Single Origins allerdings am besten
in der Cafetière zubereitet.

Espresso ist aus verschiedenen Gründen sehr beliebt: Viele schätzen den Koffein-Kick, andere die
Dosis. Ich schätze ihn, weil in den ersten 10 bis
25 Millilitern das *Gold* liegt, der beste Geschmack
der Bohnen.

Kaffee beim Backen

Kaffee passt nicht nur gut zum Essen, man kann auch gut damit backen. Hier sind ein paar Rezepte zum Ausprobieren:

Crème pâtissière

6 Eigelb
100 g Zucker
20 g Speisestärke
20 g Mehl
1 Vanilleschote
1 l Milch
50 ml Kaffee

Geben Sie die Milch, 50 Gramm Zucker und die Vanilleschote in einen Topf, bringen Sie das Ganze zum Kochen, nehmen es dann von der Herdplatte und decken den Topf ab. Schlagen Sie das Eigelb mit dem restlichen Zucker locker, bis es weiß ist, dann Stärke und Mehl unter Rühren hinzugeben. Nehmen Sie die Schote aus dem Topf, erhitzen Sie die Milch erneut und fügen davon die Hälfte zum Ei. Gut durchrühren, danach die Mischung in den Topf zurückgeben und auf kleiner Flamme unter Rühren fünf Minuten erhitzen. Fügen Sie den Kaffee hinzu, bevor die Masse erkaltet, und rühren Sie gut um. Abkühlen lassen, Puderzucker nach Geschmack hinzufügen, fertig.

Mandel-Kaffee-Kuchen

2 Eiweiß

Kaffee-Crème-pâtissière (siehe Rezept S. 124)

150 g gemahlene Mandeln

100 g geschmolzene Butter

1 Paket Löffelbiskuit

Schlagen Sie das Eiweiß steif und ziehen Sie es dann unter zwei Drittel der Crème pâtissière. Anschließend fügen Sie die gemahlenen Mandeln und die Butter hinzu, legen die Kuchenform mit Löffelbiskuit aus und füllen sie mit der Masse auf. Nun muss der Kuchen nur noch über einen längeren Zeitraum abkühlen.

Tropischer Kaffeekuchen

50 g Mehl

1 Tasse Kaffee

50 g Zucker

Vanilleextrakt

Milch

Butter zum Einfetten

1 Handvoll Trauben

Rum

3 Bananen

1 Eigelb

Puderzucker

Schlagsahne

Mischen Sie Mehl, Kaffee und Zucker und geben Sie einige Tropfen Vanilleextrakt sowie genügend Milch hinzu, sodass ein formbarer Teig entsteht, den Sie einen Zentimeter dick ausrollen können. Breiten Sie einigen Teig in einer eingefetteten 24-Zentimeter-Tortenform aus. Garnieren Sie den Teig mit Weintrauben, entkernt und in Rum eingeweicht, und drei klein geschnittenen Bananen. Nun bedecken Sie das Ganze mit dem übrigen Teig, bestreichen die Oberfläche mit Eigelb und bestäuben sie mit Puderzucker. Backen Sie den Kuchen bei 200 Grad 30 Minuten, dann abkühlen lassen und mit Schlagsahne servieren.

Kaffee-Eclairs

250 ml Wasser
75 g Butter
50 g Zucker
150 g Mehl
4 Eier
Crème pâtissière
75 g Schokolade
2 Teelöffel sehr starker Kaffee

Heizen Sie den Ofen auf 200 Grad vor, während Sie Wasser, Butter und Zucker in einem Topf aufkochen und unter stetem Rühren zügig Mehl hinzufügen. Sobald die Masse gut durchmischt ist, geben Sie die Eier hinzu. Nun tragen Sie die Mischung in der typischen Form auf dem eingefetteten Backblech auf und backen alles 20 bis 25 Minuten. Sobald die Eclairs fertig gebacken sind, müssen sie nur noch mit der Crème gefüllt und beiseite gestellt werden. Anschließend schmelzen Sie die Schokolade mit dem Kaffee in einer Bain-Marie (Wasserbad). Sobald die Masse ganz geschmolzen ist, verteilen Sie sie auf den Eclairs und lassen sie abkühlen.

» Entdecken

Kaffeerituale

In einigen Religionen und Kulturen spielt Kaffee eine wichtige rituelle Rolle. Das Volk der Buganda in Uganda verwendet Kaffee bei seiner Blutsbrüderschafts-Zeremonie: Das vermengte Blut wird auf zwei Kaffeebohnen gestrichen, die dann zusammengepresst und gegessen werden. Im Nachbarland Äthiopien ist das Rösten und Aufbrühen von Kaffee ein ausgeklügeltes Ritual im Haushalt, das sozialen Zwecken dient. Bei den Nomadenstämmen in den einsamen Wüsten Saudi-Arabiens gilt das Servieren von Kaffee als Zeichen der Freundschaft – und der Gastfreundschaft.

Historische Rituale

Die Verbreitung von Kaffee im späten 15. Jahrhundert beruhte in großen Teilen darauf, dass die Sufis bei ihren abendlichen *dhikrs* Kaffee tranken. Für diese gemeinsamen Gebete, bei denen Musik gespielt und getanzt wurde, mussten sie wach bleiben. Im Osmanischen Reich wurde Kaffee bald beliebt, was dazu führte, dass luxuriöse Kaffeehäuser entstanden, in denen Sänger und Geschichtenerzähler auftraten, Schach gespielt und Haschisch oder Opium geraucht wurde. Dort wurden Neuigkeiten aus dem gesamten Kaiserreich ausgetauscht und verbreitet.

Als Kaffee in Europa populär wurde, begann damit auch hier ein wichtiges soziales Ritual, das Männern – und in Ausnahmefällen auch Frauen – erlaubte, sich außerhalb des eigenen Hauses, in besserer Gesellschaft und angenehmeren Räumen als in den üblichen Kaschemmen zu treffen. Wie man Samuel

Pepys Aufzeichnungen entnehmen kann – Pepys war Mitglied des britischen Parlaments und schrieb zwischen 1660 und 1669 Tagebuch –, gehörte der Besuch eines Kaffeehauses zum täglichen Ablauf. Kaffee ist ein Stimulans, sein Konsum beflügelt lebendige und intellektuelle Diskussionen, und er war tatsächlich die Droge der Wahl für die europäische Aufklärung. Insbesondere traf dies auf London zu, wo viele Institutionen und neue Ideen in Kaffeehäusern entstanden, von der Schiffsversicherung (Lloyd) über die Börse (Jonathan's) und die Wahlurne (Rota) bis hin zur Royal Society (Tillyards in Oxford, das dann nach London zog).

Ähnlich der britischen Teegesellschaft entwickelte sich in Deutschland der Kaffeeklatsch, eine Möglichkeit für die Dame des Hauses, andere Damen zu empfangen und sich auf hohem Niveau zu unterhalten – ein Ritual, das von sozialer Schicht und Vermögen bestimmt war.

Moderne Kaffeehäuser

Die größeren Kaffeehäuser, die auch Kuchen und Gebäck servieren, entstanden erst später und sind kurioserweise ein fast ausschließlich nordamerikanisches und europäisches Phänomen. Überall sonst wird Kaffee zwischen Tür und Angel getrunken – eine schnelle Tasse am Tresen auf dem Weg zur Arbeit, um in Schwung zu kommen. Nichtsdestotrotz boten und bieten beide Konzepte die Gelegenheit, sich auf neutralem Boden in der Öffentlichkeit zu treffen – ein wichtiger Aspekt für die Entwicklung des demokratischen Gedankens. Da in Kaffeehäusern weder nach Vermögen, Geschlecht noch Standeszugehörigkeit unterschieden wurde, nannte man sie in Großbritannien auch *Penny Universities* oder *Invisible Colleges*: ein Ort, an dem sich Arm und Reich auf Augenhöhe begegneten.

Die heutigen Kaffee-Bar-Ketten versuchen mit ihrem Konzept des *third space* – weder Arbeitsplatz noch Zuhause –, eine ähnliche Atmosphäre zu schaffen, eine Umgebung, die den freien Gedankenaustausch fördern soll. In unserer vom Internet beherrschten Welt scheinen Cafés jedoch weniger Treffpunkt für echte Menschen zu sein, sondern vielmehr eine bequeme Gelegenheit, außerhalb des Büros E-Mails und Online-Nachrichten zu checken.

Mythen rund um Kaffee

In der Kaffeebranche kursieren die unterschiedlichsten Mythen über die Entstehung und Verbreitung von Kaffee. Auch wenn sie hübsch und unterhaltsam sind, können die meisten Geschichten als reine Fiktion abgetan werden. Kaldi, der Ziegenhirte, entdeckte den Kaffee nicht, als er sah, dass seine Tiere Kaffeekirschen aßen und zu tanzen anfingen. Genauso wenig brachte der Herzog de Clieu 1723 Kaffee in die Karibik, indem er die Setzlinge auf der langen Überfahrt von Frankreich nach Martinique heldenhaft mit seiner Wasserration goss. Auch der Spion Franz Georg Kolschitzky wurde weder mit 600 Säcken türkischen Kaffees entlohnt, nachdem Wien von den Türken befreit worden war, noch gründete er damit das erste Kaffeehaus der Stadt.

Die besten Cafés der Welt

In einer Welt, in der mittlerweile die großen Kaffee-
ketten den Markt dominieren, suchen Liebhaber oft
nach einzigartigen und unabhängigen Cafés, die qualitativ hochwertigen Kaffee servieren. Es folgt eine
kleine Auswahl der besten:

USA

Mojo Coffee

West Village 128 Charles Street, New York

+1 212 691 6656, www.mojo-nyc.com

Dieses hippe Café in Greenwich Village ist eine
ruhige Insel inmitten des tosenden Manhattans und
außerordentlich beliebt – jeder denkt gern, er habe es
zuerst entdeckt. Der exzellente Kaffee genügt allen
biologischen Ansprüchen, außerdem sind die Bohnen
im Schatten gewachsen.

The Buena Vista Café

2765 Hyde Street (@ Beach), San Francisco

+1 415 474 5044, www.thebuenavista.com

Bei Tag und Nacht wird hier der beste Irish Coffee
serviert: bis zu 2.000 Mal am Tag. Das Buena Vista
liegt in einem hübschen Haus an der Endhaltestelle
des Powell-&-Hyde-Street-Cable-Cars in Richtung
Fisherman's Wharf.

Intelligentsia Coffee

1331 Abbot Kinney Boulevard, Venice

+1 310 399 1233, www.intelligentsiacoffee.com

Das Café liegt in der Nähe des Sunset Boulevards. Die kleine Kette verfügt über Filialen in Chicago, New York und Atlanta. Auch wenn der Name nicht zu L.A.s Ruf leichtlebiger Oberflächlichkeit zu passen scheint, ist das Café wegen seiner frisch gerösteten Kaffees, einer Auswahl an Single Origins, Mischungen und Espressos beliebt.

Starbucks

1912 Pike Place, Seattle

+1 206 448 8762, www.starbucks.co.uk

Die erste Filiale des Riesen, der heute über 20.000 Cafés umfasst. Allein aus historischen Gründen lohnt sich der Besuch des Ursprungs eines weltweiten Phänomens. Die Kette wurde von drei Enthusiasten gegründet, deren ursprüngliche Vision wortwörtlich in Milch ertrunken ist.

Europa

Café Central

Ecke Strauchgasse/Herrengasse, Wien, Österreich

+43 1 53337 63 24,
www.palaisevents.at/cafecentral.html

Eines der berühmtesten Kaffeehäuser in Wien, das Ende des 19. Jahrhunderts von Intellektuellen wie

Freud und Klimt frequentiert wurde. 1917 wurde der österreichische Außenminister von einem aufgeregten Assistenten darüber unterrichtet, dass in Russland die Revolution ausgebrochen sei. „Wer auf Erden sollte eine Revolution in Russland anzetteln?", fragte der Minister trocken. „Etwa Herr Trotzki aus dem Café Central?" Auch wenn es heutzutage viele Touristen anzieht, ist die Kaffeeauswahl dort beeindruckend.

Bar Italia

22 Frith Street, London, UK

+44 2074 374520, www.baritaliasoho.co.uk

Die Kaffeehäuser in London im 17. und 18. Jahrhundert waren berühmt als Orte der Bildung, wo Institutionen wie Lloyds of London, die Börse und die Royal Society gegründet wurden.

Leider gibt es heute kaum noch empfehlenswerte Cafés in London. Einzig eine kleine italienische Bar in Soho hält noch die Fahne für die Londoner Kaffeetrinker hoch. Und die Bar Italia tut dies mit viel Verve: Sie liegt im Zentrum der Kunst-, Film- und Musikbranche. Alle, die sich in dieser Szene in den letzten 50 Jahren einen Namen gemacht haben, haben hier Kaffee getrunken – und die Besitzer sind zu Recht stolz darauf.

Bettys Café Tearooms

1 Parliament Street, Harrogate, UK

+44 1423 814070, www.bettys.co.uk

Dies ist die Hauptfiliale einer kleinen Kette in Familienbesitz, die in Yorkshire aus vielen Gründen eine

Institution ist. Insbesondere wird hier aber eine feine Auswahl an Spezialitätenkaffees serviert, worin ihre echte Stärke liegt. Weitere Filialen, die auch abends geöffnet sind, gibt es in Harlow Carr Gardens Harrogate, York, Ilkley und Northallerton.

Artisan Roast

57 Broughton Street, Edinburgh, UK

+44 7956 355054, www.artisanroast.co.uk

Eine von echten Kaffee-Fans geführte kleine Kette gemütlicher Cafés, die auch andere Cafés beliefern. Es gibt ein festes Angebot von Espressos, ergänzt durch eine wechselnde Auswahl an Spezialitätenkaffees.

Café de Flore

172 Boulevard Saint-Germain, Paris, Frankreich

+33 145 48 55 26, www.cafedeflore.fr

Dieses Café war und ist noch immer der Inbegriff eines Pariser Cafés. Einst das Wohnzimmer von Sartre, kann man dort noch heute viele Schauspieler, Politiker und Schriftsteller sehen.

Café Einstein

Kurfürstenstraße 58, Berlin, Deutschland

+49 30 263 91 90, www.cafeeinstein.com

Nach dem Vorbild der klassischen Wiener Kaffeehäuser röstet das Einstein den Kaffee selbst. Man kann ihn probieren, während man es sich in der eleganten Villa auf Lederbänken bequem macht.

Caffe Latte

Wohlwillstraße 49, Hamburg, Deutschland

+49 40 4318 2112

Passend dazu, dass Hamburg Deutschlands größter Kaffeehafen ist, dienen alte Kisten vor der Tür als Sitzgelegenheiten. Ein freundliches, hippes Café mit ausgezeichnetem Kaffee, darunter einige tolle italienische Mischungen.

Café Wahlen

Hohenstaufenring 64, Köln, Deutschland

+49 221 231 625, www.cafe-wahlen.de

Ein klassisches Kaffeehaus mit Einrichtung aus den 1950er-Jahren, das sowohl Design-Junkies als auch Kaffeeliebhaber anlockt. Nutzen Sie diese tolle Möglichkeit, ein traditionelles Café auszuprobieren.

Il Caffè Florian

Piazza San Marco 56, Venedig, Italien

+39 041 520 5641, www.caffeflorian.com

1720 gegründet, ist das Caffè Florian das älteste Kaffeehaus in Italien. Es spiegelt die gemeinsame Geschichte der venezianischen Händler und des Osmanischen Reiches wider, das dem Kaffee zu Ruhm verholfen hat. Der eleganten Einrichtung macht nur der Blick auf den Markusplatz Konkurrenz, wenn Sie draußen vor dem Café sitzen. Seit seiner Eröffnung ist es traditionell ein Ziel für Touristen. Zu den Gästen gehörten Byron, Goethe, Dickens, Proust, Strawinsky und Modigliani. Und Casanova ging hier auf die

Pirsch, weil es das einzige Café war, zu dem Frauen Zutritt hatten.

Asien

Fazıl Bey's Turkish Coffee House

Searsker Caddesi 1A Kadıköy, Istanbul, Türkei

+90 216 450 2870, www.fazilbey.com

Das Fazıl Bey's ist eines der ältesten Geschäfte auf dem Markt in Kadıköy. Der Kaffee wird mit der traditionellen Süßigkeit *Turkish Delight* und einem Glas Wasser serviert. Absolut unprätentiös und zugleich unverschämt traditionell.

Café de l'Ambre

Ginza 8-10-15, Chuo Ward, Tokio, Japan

+81 3 3571 1551, www.h6.dion.ne.jp/~lambre

„Kaffee pur" ist das Motto dieses traditionellen *kissaten* (japanisch für Café), wo der Besitzer seine feinen, abgelagerten Kaffees noch immer in kleinen Mengen selbst röstet. Es gibt keinerlei Milch, Säfte oder Kleinigkeiten – nur Kaffee. Das ist selten in einer Stadt, in der Starbucks (über 250 Filialen) dominiert. Der 30 Jahre alte kubanische Supremo wird nicht günstig sein; aber wo bekommt man ihn sonst?

Events und Festivals

Bei so vielen unterschiedlichen Anbaugebieten und Herstellern weltweit ist es kein Wunder, dass zur Erntezeit in fast jeder Region jeder Kaffeenation traditionelle Feste gefeiert werden. Mittlerweile werden sie zunehmend in Zusammenarbeit mit Exportkunden oder Kaffeeröstereien ausgerichtet oder teilweise von ihnen gesponsert. Diese wiederum engagieren sich, um die hervorragende Qualität von Spezialitätenkaffees zu belohnen und noch mehr Öffentlichkeit zu schaffen.

Cup of Excellence
www.cupofexcellence.org

Diesen Preis gibt es seit 1999 und er ist auf die Kaffee produzierenden Länder in Mittel- und Südamerika beschränkt – mit Ausnahme von Ruanda. Eine Jury verkostet sorgsam Kaffee aus all diesen Ländern und zeichnet am Ende nur die besten mit dem begehrten Cup of Excellence aus. Nach dem Wettbewerb werden sie versteigert, was nicht nur gute Preise, sondern auch Presse bringt.

Barista-Weltmeisterschaft
http://worldbaristachampionship.com

Im Jahr 2000 gegründet und von der Speciality Coffee Association of America und der Speciality Coffee Association of Europe getragen, finden die jährlichen Weltmeisterschaften entweder in Nordamerika oder

Europa statt. Für die Zulassung müssen sich die Teilnehmer zunächst in lokalen, regionalen und nationalen Ausscheidungsrunden beweisen. Ziel des Wettbewerbs ist es, den Beruf des Baristas zu fördern. In jeder Runde müssen die Teilnehmer innerhalb von 15 Minuten vier Espressos, vier Cappuccinos und vier eigene Kreationen zubereiten. Bewertet werden Geschmack, Sauberkeit, Kreativität, technische Fähigkeiten und die Gesamtpräsentation. Die Jury besteht aus sieben WBC-zertifizierten Richtern.

London Coffee Festival

www.londoncoffeefestival.com

Das 2011 gegründete Festival möchte das Bewusstsein für Kaffee stärken und Gelder für das gemeinnützige Project Waterfall akquirieren, um Kaffeebauern in Afrika mit sauberem Wasser zu versorgen.

Hawaiian Kona Coffee Festival

http://konacoffeefest.com

Ein hervorragend organisiertes Mammutfest zu Ehren einer der berühmtesten Kaffeespezialitäten. Es dauert zehn Tage und ist das älteste Essens-Festival auf Hawaii.

India International Coffee Festival

www.iicf.in

Das relativ neue, dreitägige Festival findet in Neu-Delhi statt, um Kaffee in einem der am schnellsten wachsenden Märkte zu fördern.

The Golden Bean Roaster Competition and Conference, Australien

www.cafeculture.com/golden-bean-info

Diese an der Sunshine Coast, nördlich von Brisbane stattfindende Messe richtet sich vornehmlich an Röster und Lieferanten, mittlerweile aber auch zunehmend an die Endkunden.

Jamaican Coffee Festival

http://jamaica-guide.info/activities/
events.and.festivals

Jedes Jahr im Herbst wird in Kingston der Kaffee gefeiert, insbesondere der berühmte Blue Mountain, der für die Wirtschaft der Insel so wichtig ist.

Institutionen und Kontakte

Kein Lebensmittel auf der Welt ist so eingehend untersucht worden wie Kaffee, jedoch sind unabhängige Studien kaum zu finden. Folgende Forschungen sind meistens von der Branche finanziert:

Association for Science and Information on Coffee
www.asic-cafe.org

Institute for Scientific Information on Coffee (ISIC)
www.coffeeandhealth.org

National Coffee Association's Coffee Science Source
www.coffeescience.org

International Coffee Organisation
www.ico.org

Speciality Coffee Association of Europe
www.scae.com

Weitere allgemeinere Informationen und Hinweise finden sich auf verschiedenen Webseiten und Blogs:

www.coffeereview.com
http://coffeecupnews.org
http://purecoffee.blogspot.de
http://dailyshotofcoffee.com
www.kaffeewiki.de
www.die-kaffeeseite.de
www.starbucksgossip.typepad.com
http://coffeecollective.blogspot.de
http://blog.barismo.com

Informationen für den Handel:
www.specialty-coffee.com
www.siemex.biz/coffee

Glossar

Abgelagerter (aged) Kaffee wird einige Jahre lang unter kontrollierten Bedingungen gelagert, um weicher zu werden und die Säure zu reduzieren.

After Dinner Commodities Lebensmittel wie Kaffee, Zucker und Schokolade, die häufig nach dem Essen genossen werden.

Blüte Kleine weiße Blüten, die berauschend nach Jasmin duften und der Kirsche vorausgehen.

Bourbon Früherer Name der Insel La Réunion. Nach ihr ist eine bestimmte Kaffeepflanze benannt.

Crema Die schaumige Oberfläche eines gut gemachten Espressos.

Fairtrade Eine heute globale Bewegung, die in den 1980er-Jahren in der niederländischen Kaffeeindustrie entstand.

Fazenda Große Kaffeeplantage in Brasilien.

Ibrik Topf, in dem der Kaffee auf dem Herd gebrüht wird; sehr verbreitet im Mittleren Osten.

Instant-Kaffee Besteht aus Kaffee, der massenhaft gekocht und dann in unterschiedliche grauenhafte Formen wie Granulat oder Puder gebracht wird.

Kaldi Ein erfundener Ziegenhirte, der angeblich Kaffee entdeckt haben soll.

Kirsche Die Frucht der Kaffeepflanze, die die Bohnen enthält.

Kishr Ein Getränk aus dem angerösteten Fruchtfleisch einer Kaffeekirsche, beliebt im Jemen.

Kush Archäologische Fundstätte in den Vereinigten Arabischen Emiraten, wo versteinerte Bohnen gefunden wurden, die auf das 12. und 13. Jahrhundert datiert wurden.

Mikromühle Kleine Anlage zur Kaffeeverarbeitung, die sich häufig auf der Plantage befindet.

Mischung Eine Mischung von Bohnen verschiedener Herkunft, um ein gleichbleibendes Aroma zu erreichen.

Mokka Hafenstadt am Roten Meer im Jemen, wo sich zwischen 1550 bis 1700 das Zentrum des Kaffeehandels befand.

Monsooning Kaffee wird auf Rosten im indischen Monsun-Wind getrocknet, um so die Schiffsreise nach Europa, wie sie im 18. und 19. Jahrhundert üblich war, nachzuahmen und deren Effekte zu erreichen.

Mundgefühl Das Gefühl von Volumen und Körper, das der Kaffee im Mund entstehen lässt.

Nassaufbereitung Die Kaffeebohnen werden durch Einweichen in Wasser aus dem Fruchtfleisch der Kirsche gelöst.

Öle Komplexe Proteine und Kohlenhydrate, die durch den Röstvorgang entstehen.

Peaberry/Perlbohne Eine einzelne Kaffeebohne.

Rio-Kaffee Kaffee aus dem Bundesstaat Rio de Janeiro, der sich durch eine deutliche metallische Note auszeichnet und im Mittleren Osten sehr geschätzt wird.

Silberhäutchen Hauchdünne Schicht, die die ungeröstete Bohne umschließt und nach dem Rösten die Spreu bildet.

Sufismus Mystische Ausprägung des Islam, durch die Kaffee im Osmanischen Reich und darüber hinaus Verbreitung fand.

Third Space Moderne Cafés, die weder Zuhause noch Arbeitsplatz sind, sondern Aspekte von beidem kombinieren.

Third Wave Derzeitiger Trend, Kaffee wie Wein als Gourmet-Getränk statt als Grundnahrungsmittel zu betrachten.

Trockenaufbereitung Die Kaffeekirschen werden zum Trocknen in die Sonne gelegt und dann geschält, um die Bohnen zu ernten.

Ventil Verpackungssystem, das die Entgasung frisch gerösteter Bohnen nutzt, um den verbleibenden Sauerstoff aus der Packung entweichen zu lassen.

Index

143

144